Komm, wir pilgern,
Dein Jakobus

Peter Müller

Komm, wir pilgern, Dein Jakobus

Das Pilgerbuch für zu Hause und unterwegs

Patmos Verlag

VERLAGSGRUPPE PATMOS

PATMOS
ESCHBACH
GRÜNEWALD
THORBECKE
SCHWABEN

Die Verlagsgruppe
mit Sinn für das Leben

Für die Schwabenverlag AG ist Nachhaltigkeit ein wichtiger Maßstab ihres Handelns. Wir achten daher auf den Einsatz umweltschonender Ressourcen und Materialien. Dieses Buch wurde auf FSC®-zertifiziertem Papier gedruckt. FSC (Forest Stewardship Council®) ist eine nicht staatliche, gemeinnützige Organisation, die sich für eine ökologische und sozial verantwortliche Nutzung der Wälder unserer Erde einsetzt.

Umschlaggestaltung: Finken & Bumiller, Stuttgart
Abbildungen: tosini/photocase.com (Umschlag),
Peter Müller und Verlagsarchiv (innen)
Druck: CPI – Ebner & Spiegel, Ulm
Hergestellt in Deutschland
ISBN 978-3-8436-0502-1 (Print)
ISBN 978-3-8436-0503-8 (eBook)

Inhalt

Komm, wir pilgern

Komm, wir gehen
einen neuen Weg,
um unsere Sehnsucht zu stillen.

Komm, wir suchen
die Quelle der Freude,
um daraus neue Energie zu schöpfen.

Komm, wir steigen
in die Tiefe des Schweigens,
um Wesentliches zu spüren.

Komm, wir tanken
heilende Kräfte der Begegnung,
um sie mit anderen zu teilen.

Komm, wir entdecken,
was uns Halt gibt,
um unsere Zukunft darauf zu bauen.

Komm mit zum Pilgern:
Wir leben unsere Sehnsucht,
wir schöpfen neue Energie,
wir ergründen die Tiefe des Schweigens,
wir tanken aus den Kräften der Begegnung,
wir wissen, was uns trägt und wer uns begleitet.
Peter Müller

Einladung

Liebe Leserin, lieber Leser,

ich erlaube mir, dich gleich auf der ersten Seite dieses Pilgerbegleiters mit »du« anzusprechen. Bei Pilgerinnen und Pilgern ist das so üblich. Denn auf Pilgerwegen spielen Beruf, Titel, Alter, Leistung, Auszeichnungen und Erfolge keine Rolle. Alle sind Pilgerinnen und Pilger, die aus unterschiedlichen Motiven auf einem der zahlreichen Jakobuswege und gleichzeitig auf einem inneren Pilgerweg zu sich selbst unterwegs sind.

Zur Einstimmung in dieses Pilgerbuch lade ich dich zu einer kurzen Gedankenreise ein:

Stell dir vor, du bist als Pilger unterwegs auf dem Jakobusweg. Es ist früh am Morgen. Du bist gut gelaunt und freust dich auf den Tag. Die Sonne sucht sich noch ihren Weg durch den Morgennebel. Nach wenigen Kilometern begegnet dir, von einem Seitenweg kommend, ein Pilger. Lächelnd grüßt er dich und fragt: »Darf ich dich ein Stück begleiten?« Grüßend stimmst du zu. Einige Zeit geht ihr schweigend, doch bald beginnt ein Gespräch über die drei klassischen Fragen, die sich Pilger gerne stellen, wenn sie sich unterwegs erstmals begegnen.

»Wie heißt du?«

Dein Mitpilger stellt sich dir vor: »Ich heiße Jakobus, manche nennen mich auch Jakob. Auf hebräisch ruft man mich Ya´aqov´el, das bedeutet: Gott möge beschützen. Ja, du hast richtig gehört, der Jakobusweg trägt meinen Namen, obwohl ich diesen Weg nie gegangen bin.«

»Woher kommst du?«

»Deine zweite Frage ist leicht zu beantworten: Ich komme aus Palästina, genauer aus Galiläa. Schon sehr jung war ich als Fischer am See Genezareth im Familienbetrieb meines Vaters tätig. Dort begegnete ich zum ersten Mal Jesus von Nazareth. Mit ihm und anderen Frauen und Männern zog ich drei Jahre als Pilger durch das Land. In dieser Zeit veränderte sich mein Leben radikal. Heute werde ich als Patron der Pilger auf Jakobuswegen in ganz Europa und vor allem in Santiago de Compostela verehrt. Dort, so wird berichtet, sei ich begraben.«

»Wozu pilgerst du?«

»Diese Frage ist viel schwieriger zu beantworten. Dazu brauchen wir mehr Zeit. Gern erzähle ich dir später mehr davon. Ich würde dich gern begleiten und von dir erfahren, was dich auf den Pilgerweg führt und welche Fragen, Zweifel, Sorgen und Hoffnungen dich bewegen. Gern würde ich dir zuhören. Ich möchte dir auch aus meinem Leben erzählen, von meinem Pilgern mit Jesus von Nazareth durch Galiläa, Samaria und Judäa bis nach Jerusalem. Erzählen vor allem aber von meinem inneren Pilgerweg, meiner inneren Zerrissenheit, meinem Suchen und der Sehnsucht, zufrieden und glücklich zu leben, von überraschenden und manchmal provozierenden Erlebnissen mit Jesus, von meiner Begeisterung und meinen enttäuschten Hoffnungen, von schmerzhaften Veränderungen und ermutigenden Erfahrungen. Ja, dieses Unterwegssein mit dem Menschen Jesus und meinen Freunden hat mein Leben total verändert. Auch wenn diese Erfahrungen fast 2000 Jahre zurückliegen, ich erzähle sie dir, weil sie – so denke ich – auch heute noch aktuell sind. Ich bin sicher, du wirst in meinen Erzählungen und in unseren Gesprächen Anregungen für dein Leben entdecken. Darf ich dich begleiten?«

Mit dieser Gedankenreise möchte ich dich einstimmen und einladen, dich mit Jakobus dem Älteren pilgernd auf einen inneren Weg zu begeben. Doch was bewegt mich dazu, einen spirituellen Pilgerbegleiter zu schreiben, in dessen Zentrum der biblische Jakobus und sein innerer Pilgerweg stehen?

Während eines Erfahrungsaustausches für deutschsprachige Pilger in Santiago de Compostela fragte mich ein Pilger, der vier Wochen auf dem Pilgerweg unterwegs war: »Um welchen Jakobus handelt es sich eigentlich?« Das ist kein Einzelfall. Weitere Beobachtungen bestätigen, dass der Namensgeber der Wege immer weniger bekannt ist. Viele kennen Jakobus nur von unterschiedlichen Darstellungen an Kirchenportalen, in Kirchen, auf Bildern und aus Legenden oder Wundererzählungen. Doch wo bleibt der Jakobus, der uns im Neuen Testament zunächst als Fischer und dann als Jünger des Jesus von Nazareth begegnet? Welche Begegnungen, Erlebnisse und Erfahrungen haben sein Leben geprägt und verändert, während er mit Jesus und seinen Anhängern unterwegs war? Wodurch wurde aus dem Fischer ein Zeuge für die Botschaft Jesu?

Das Buch in deinen Händen geht diesen Fragen nach. Fast alle Pilgerwege in Richtung Santiago de Compostela heißen Jakobus- oder Jakobswege. Sie tragen den Namen von Jakobus dem Älteren, des Apostels und Pilgerpatrons. Doch sein Lebensweg, soweit wir ihn aus den Evangelien nachvollziehen können, spielt heute auf den Jakobuswegen in Wegführern, Kalendern und Büchern kaum eine Rolle. Eingängige Legenden und fromme Wundererzählungen sind bildhafter und verdrängen die biblische Person. Deshalb stehen bei diesem Pilgerbegleiter die Erlebnisse und Erfahrungen, die Gedanken und Gefühle, die Sorgen, Fragen und Zweifel des biblischen Jakobus im Fokus und damit seine Herausforderungen und inneren Veränderungen während er mit Jesus durch Galiläa, Palästina und nach Jerusalem unterwegs war. Dieses Buch ist daher kein Wanderführer mit organisatorischen Tipps für das Pilgern, sondern ein spiritueller Begleiter auf Jakobuswegen. Dabei steht folgende Frage im Vordergrund: Welche Anregungen und Antworten entdecken wir in den Erlebnissen und Erfahrungen des Jakobus für unser Leben?

Im Kapitel »*Vom Wanderer zum Pilger*« regen meditative Texte sowie Geschichten und Aussagen von Pilgern dazu an, sich selbst zu fragen: Wozu pilgere ich? Wozu tue ich mir das alles an? Die Gedanken, Erfahrungen und Tipps wollen dich dazu ermutigen, deinen Weg zu gehen. Wenn du ihn aus gesundheitlichen oder anderen Gründen nicht gehen kannst, dann gehe ihn als geistig-spirituellen Pilgerweg zu Hause. Außerdem begeben wir uns auf biblische Spurensuche, in deren Verlauf wir das Wenige, das wir im Neuen Testament über Jakobus den Älteren finden, zusammenfassen und uns auf den Weg einstimmen.

Das Herzstück dieses Pilgerbegleiters ist das Kapitel »*Auf inneren Pilgerwegen – unterwegs mit Jakobus*«. Alle zehn Themenbereiche beginnen mit einem meditativen Text, an den sich ein Brief von Jakobus an die Pilger anschließt. Das sind von mir erfundene Briefe des Jakobus aus der Zeit seines Pilgerns mit Jesus von Nazareth. Ich wage es, biblische Geschichten, die Jakobus erlebt hat, aus seiner Perspektive zu erzählen. In diese Briefe fließen seine möglichen und meine deutenden Gedanken ein, Erkenntnisse der modernen Bibelforschung und auch meine Gefühle, Fragen und mein begrenztes Wissen. Ich wünsche dir, dass du in diesen Briefen den inneren Pilgerweg des Jakobus nachvollziehen kannst. Lass dich durch sie und die Fragen, Geschichten und Impulse anregen, deinen persönlichen inneren Pilgerweg zu gehen. Gedanken zum Tagesende runden ein Thema ab.

Von Hermann Hesse stammt folgender Satz: »Wir verlangen, das Leben müsse einen Sinn haben, aber es hat nur ganz genau so viel Sinn, wie wir ihm selbst zu geben imstande sind.« Lass dich herausfordern und begleiten. Komm mit zum Pilgern.

Am Festtag von Jakobus dem Älteren, dem 25. Juli 2013

Peter Müller

Wer das Ziel kennt, muss den Weg wagen

Den Weg wagen
wegen des Ziels

das Wagnis eingehen
wegen des Weges

Wege wagen
und zu gehen beginnen

Mit dem Wagnis des Weges
dem Ziel näher kommen
es im Wagnis ergehen
ertasten, erleben
erahnen, erfahren

mich einlassen
auf den Weg
das Wagnis
das Ziel
meinen Weg
mein Wagnis
mein Ziel

und den Weg des Werdens
weitergehen
Almut Haneberg

Vom Wanderer zum Pilger

Weckruf der Sehnsucht

Manche Situationen erweisen sich erst später als Beginn eines neuen Weges oder als Anstoß einer wichtigen Veränderung. Vor und in der Situation hatten wir kaum ihre Bedeutung wahrgenommen. Nach Wochen, Monaten oder gar Jahren jedoch fühlen wir uns ganz anders als damals. Wir erleben uns wie verwandelt und im Blick zurück taucht die Frage auf: Wie hat das eigentlich begonnen?

Der Marketingmanager Erich fährt in Urlaub. Weil er dem großen Stau entgehen will, verlässt er die Autobahn und landet – kurz bevor ihm das Benzin ausgeht – in einem kleinen Café. Er legt eine kurze Rast ein und entdeckt auf der Rückseite der Imbisskarte den Hinweis: »Nutze deine Wartezeit! Wir laden dich ein, über dich und dein Leben nachzudenken.« Zwei Fragen wecken sein Interesse: »Wozu lebst du? Führst du ein erfülltes Leben?« Erich kommt mit dem Besitzer des Cafés und anderen Gästen ins Gespräch. Dabei muss er gestehen, dass er sich bisher über diese Fragen überhaupt keine Gedanken gemacht hat. Nachdenklich verlässt er das »Café der Lebensfragen«. Die Fragen lassen ihn während des Urlaubs und danach nicht mehr los, ihr Same, die Sehnsucht nach einem erfüllten Leben, keimt in ihm, schlägt Wurzeln, wächst und sein Leben verändert sich grundlegend.

Eine Pilgerin erzählt, wie sie mit dem Pilgern begann:

Da berichtet bei einer zufälligen Begegnung eine ehemalige Schulfreundin begeistert von ihrem fünfwöchigen Pilgerweg von den Pyrenäen nach Santiago de Compostela. Ihre Begeisterung steckt mich an, ihre Geschichten vom Camino de Santiago gehen mir nicht aus dem Kopf. Ich kaufe mir den Erfahrungsbericht eines Pilgers, lese weitere Artikel in Zeitschriften über das Pilgern, besuche Vorträge und spüre, wie mich die Sehnsucht packt, selbst zu pilgern. Sie hat mich bis heute nicht mehr losgelassen!

Beide Geschichten zeigen, dass die Frage nach dem Sinn des Lebens nicht nur in Konfliktzeiten, in schwierigen Lebenssituationen oder in Wendezeiten des Lebens aufbricht. Wir können ihr auch unerwartet im »normalen Leben« begegnen. Es kann eine Begegnung mit einem Buch, einem Menschen, einem Film, oder einer Geschichte sein, die mich emotional trifft. Es kann eine Begegnung sein, in der meine aufgeschobenen oder bisher unentdeckten Wünsche geweckt werden – eine Begegnung, die mich innerlich aufwühlt, aus dem Gleichgewicht bringt oder Fragen aufwirft, auf die ich (noch) keine Antwort habe. All das sind wahrnehmbare Signale meiner Seele. Manchmal laut, manchmal sehr vage, oft sehr leise und im Lärm des Alltags leicht zu überhören. Sie laden dazu ein, ja fordern mich dazu heraus, meine aktuelle Lebenssituation aufmerksam anzuschauen und zu fragen: Wer bin ich? Was war mir bisher wichtig? Wozu lebe ich? Was will ich?

Signale der Seele sind ein Weckruf unserer Sehnsucht nach Zielen wie Weite, Freiheit und Veränderung, denn »alles beginnt mit der Sehnsucht, immer ist in unserem Herzen ein Raum für Schöneres, für Größeres« (Nelly Sachs). Veränderung und Verwandlung sind die Grundprinzipien des Lebens. Eben war meine kleine Welt noch in Ordnung, jetzt ist plötzlich vieles anders. Mein Leben ist ein Weg mit Höhen und Tiefen, mit ruhigen und unruhigen Zeiten und dadurch dem ständigen Wandel unterworfen. Der Mensch ist sein ganzes Leben lang auf dem Weg, er ist von seinem Wesen her ein Pilger. Auch wenn er sich in seinem Wohn-, Arbeits- und Freizeitraum häuslich einrichtet, seine Sehnsucht nach Veränderung sucht nach Ausdrucksformen. Immer wenn die Zeit reif ist, neue Lebensmöglichkeiten zu suchen, wird sie in uns lebendig. Manchmal werden wir freundlich dazu eingeladen, manchmal deutlich aufgefordert und nicht selten sogar schmerzhaft dazu gezwungen, uns mit den Signalen unserer Sehnsucht auseinanderzusetzen und über die nächsten Schritte nachzudenken. Das spüren wir täglich und das erlebte auch Jakobus, der Fischer vom See Genezareth, während seines Pilgerns mit Jesus von Nazareth. Diese Begegnungen beeinflussten wesentlich seinen weiteren Lebensweg. Doch bevor wir uns ihm zuwenden, wollen wir uns fragen: Was heißt Pilgern?

In der Fremde unterwegs zu sich

Wer als Pilger aufbricht, verlässt die Heimat, die vertraute Umgebung. Er bricht auf vom Bekannten ins Unbekannte, von der Sicherheit in die Unsicherheit, er geht äußerlich und innerlich in die Fremde. Damit lebt er den Ursprung des deutschen Wortes »pilgern«, das vom lateinischen »peregrinatio« kommt. Es bedeutete ursprünglich »jenseits des heimatlichen Ackers«. Ein »peregrinus« ist einer, der als Ausländer in der Fremde umherzieht und fern von Haus und Vaterland lebt. Wir sehen also zwei Bedeutungen: Fremd sein und wandernd unterwegs sein. In der vorchristlichen Antike wurde »peregrinus« zunächst nicht religiös, sondern juristisch verstanden. Er war der Fremde, der keinem verbündeten Staat angehörte und deshalb immer vogelfrei und rechtlos war. Erst die antiken Religionen entwickelten das Gebot, dem rechtlosen, oft armen Fremden Gastfreundschaft zu gewähren, da er unter dem besonderen Schutz der Götter stehe.

Wenn Pilgern wesentlich zum Menschsein gehört, dann erleben wir uns als Pilger in dreifacher Weise in der Fremde:

Zunächst als Fremder fern der Heimat in einer anderen Region, einem anderen Land. Wir sind darauf angewiesen, dass wir uns die alltäglichen und lebensnotwendigen Dinge für das Pilgern besorgen können oder erhalten, wir müssen uns irgendwie verständigen und brauchen zuverlässige Wegweiser. Dabei erleben Pilger aber oft auch kleine und große Zeichen der Gast-freundschaft. Eine Pilgerin erzählt:

Wir pilgerten gestern auf einer großen Ebene, weit und breit war nichts zu sehen als Weideland und goldgelbe Stoppelfelder. Da begegneten wir einem fast zahnlosen Schäfer mit fünf Schafen. Er lächelte und sprach uns an. Dann schenkte er uns Bonbons und sagte: »Betet für mich beim Apostel Jakobus.«

Zweitens »fremdeln« wir nicht selten auch innerlich. Wir erleben uns als Fremde im Lebensalltag. Wohl haben wir uns im Laufe der Jahre gut in unserem Wohn-, Arbeits- und Beziehungsver-hältnis eingerichtet, für das Alter ist vorgesorgt, die Kinder gehen ihre Wege usw. Vieles scheint selbstverständlich und doch, trotz materiellem Wohlstand oder vielleicht gerade deswegen, sind wir uns innerlich in manchem fremd geblieben. Das eigene Leben er-scheint oberflächlich, hektisch oder leer. In solchen Phasen tau-chen häufig unerfüllte oder neue Sehnsüchte und Fragen auf wie z. B.: War das schon alles? Will ich wirklich so weiterleben?

Es ist wichtig, diese Gedanken zuzulassen und sich mit sol-chen Fragen auseinanderzusetzen, denn sie sind ein Signal der Lebendigkeit des Pilgers in uns, nur durch sie bleiben wir als Su-chende auf dem Weg. Mein Unterwegssein in der Fremde auf dem Camino wird dann zu einem Gang nach innen, zu dem, was ich als fremd in mir erlebe. Gleichzeitig werde ich erkennen, dass in mir mehr Möglichkeiten und Fähigkeiten stecken, als ich zur-zeit lebe.

Ein Drittes kommt hinzu. Für den Pilger in uns ist »die Sehn-sucht die charmante Art Gottes, sich bei uns in Erinnerung zu halten« (Erich Purk). Wir sind Fremde in dieser Welt und werden durch die Sehnsucht daran erinnert, dass wir nicht ewig leben. Letztlich geht es um die Frage: »Wohin gehe ich?« Der Jakobus-weg in Spanien wird auch als alter spiritueller Weg von Ost nach West, vom Leben zum Tod, verstanden. Für den mittelalterlichen Pilger – wie auch für viele Pilger heute – gehörte der Weg von

Santiago zum Kap Finisterre, nach mittelalterlicher Vorstellung das Ende der Welt, daher unbedingt dazu. Die Beweggründe, dieses Ziel zu besuchen, sind jedoch unterschiedlich, nicht nur für Fußpilger. Das zeigt folgende Erzählung einer Frau, die mir am Ende einer Bus- und Wanderreise anvertraut wurde:

Einige Monate vor der Reise verstarb tragisch und unerwartet ihr 40-jähriger Sohn. Auf einer der kurzen Wanderungen während der Reise fand sie einen Stein, der ihr gefiel. Der Stein wurde für sie zu einem »schweigenden Zuhörer«, dem sie ihre Gedanken, Sorgen und Ängste mitteilte, vielleicht auch manches übergeben konnte. Das tat sie während den kurzen Wanderungen und in den stillen Zeiten nach den spirituellen Impulsen. Am »Ende der Welt« warf sie den Stein mit allen ihren bedrückenden Gedanken ins Meer. Dazu sagt sie: »Ich konnte damit einiges loslassen. Ich habe nicht mehr das Gefühl, ich muss meinem Sohn hinterherspringen. Ich kann jetzt wieder an die Zukunft denken und mit meinem Verlust und Schmerz leben.«

Das war für sie ein wichtiger Schritt ihrer persönlichen Trauerbewältigung: loslassen, um frei zu werden für ihr Suchen nach Halt und Sinn in ihrem weiteren Leben. Nicht der Weg allein ist das Ziel des Pilgers, der Weg hat ein Ziel. Nach christlichem Verständnis sind wir »auf dem Weg nach einem letzten Zuhause, nach einer Heimat, in der wir ganz daheim sein können« (Grün, Die Weisheit des Pilgers, 37). Dieses letzte Ziel heißt Gott – oder wie es Paulus sagt »Unsere Heimat ist der Himmel« (Philipper 3,20). Eine alte Erzählung aus dem jüdischen Kulturkreis fasst das zusammen:

Ein Mann aus den USA wollte einen berühmten Rabbi in Europa besuchen. Doch wie enttäuscht war er, als er in die kleine Mietwohnung des Rabbi eingelassen wurde. Als Mobiliar waren einzig ein Bett, ein Stuhl und einige Bücher zu sehen. Er hatte viel mehr erwartet. »Aber Rabbi, wo sind denn Ihre Sachen?«, fragte er erstaunt. »Wo sind denn Ihre?«, fragte der Rabbi zurück. »Ich bin doch nur auf der Durchreise«, antwortete der Mann. »Ich auch«, entgegnete der Rabbi.

Unser Leben ist ein Pilgerweg und wir sind in dieser Welt nur auf der Durchreise. Diese Erkenntnis lebten die christlichen Mönche des vierten und fünften Jahrhunderts auf unterschiedliche Weise. Die einen lebten in der Wüste als Eremiten asketisch und geistlich ihr Fremdsein auf dieser Erde. Andere zogen als Wandermönche von Ort zu Ort und lebten nach dem Vorbild Jesu: »Die Füchse haben ihre Höhlen und die Vögel ihre Nester; der Menschensohn aber hat keinen Ort, wo er sein Haupt niederlegen kann« (Lukas 9,58). Sie verstanden sich als Pilger auf dem Weg zu Gott und wollten das im irdischen Leben schon einüben. In diesem Sinne können wir – auch wenn wir keine Mönche sind – jedes Pilgern auf Jakobuswegen als eine heilsame Einübungszeit für unseren »Pilgerweg des Lebens« verstehen. Eine Zeit der Einübung und Erfahrungen, um loszulassen und sich als »durchreisender Pilger« auf die Begegnungen mit der Natur, den Menschen, mit sich selbst und Gott einzulassen.

Auf dem Weg sein – Grunderfahrung des Pilgerns

Pilgerinnen und Pilger begegnen sich unterwegs, lernen sich kennen und fragen einander: Wozu gehst du diesen Weg? Was hat dich bewegt aufzubrechen? Diese Frage führt in die Tiefe. Jeder pilgert aus ganz persönlichen Motiven, aber oft sind sie nicht klar zu benennen. Die Sehnsucht drängt zu gehen und vielfältige Worte umschreiben die Empfindungen und Wünsche: Ich fühle mich ausgelaugt, ich will mich aus dem Alltagstrott befreien, ich will Antworten auf meine Fragen finden, so kann es nicht weitergehen, ich muss privat oder beruflich etwas verändern, ich will den Kopf frei bekommen für eine Entscheidung, ich muss eine Trennung bewältigen … Viele bekennen mit ihrer Existenz als Pilger und ihren Antwortversuchen, dass sie unterwegs sind, sich selbst zu suchen, und auf Anregungen hoffen, wie sie ihr Leben zukünftig gestalten können. Pilgern auf Jakobuswegen ist jedoch kein therapeutisches Allheilmittel, sondern eher eine Einladung und Herausforderung, sich selbst besser kennenzulernen, innerlich Halt zu finden und dem eigenen Leben eine Richtung zu geben. Manchmal zeigen sich Antworten und Auswirkungen des Unterwegsseins auf Jakobuswegen erst zu Hause, dafür entdecken wir andere als die erhofften unterwegs. Für diese war jetzt die Zeit reif. Ein junger Mann bestätigte das während eines Erfahrungsaustausches in Santiago:

Ich bin aufgebrochen, um mehr Klarheit zu finden auf meine Frage: Berufswechsel – ja oder nein? Ich habe darauf keine klare Antwort gefunden, dafür aber viele andere Antworten, was ich jetzt in meinem Leben ändern muss. Darüber bin ich sehr glücklich. Vielleicht war das jetzt wichtiger. Mein Pilgerweg geht weiter.

So klärt sich manches erst unterwegs. Der Mensch ist ein Pilger – ob auf Jakobuswegen oder auf dem Weg des Lebens. Der Weg ist ein altes Symbol menschlichen Lebens, dem wir in vielen Religionen begegnen. Soweit diese sich auf einen Stifter berufen, erweist er sich als Lehrer des Weges. Buddha zum Beispiel lehrt den »achtfachen Weg«. Jesus von Nazareth bezeichnet sich selbst als Weg (Johannes 14,6).

Der Weg als Metapher für mein Leben umfasst alles, was mich bewegt und bedrängt, wer mir begegnet und was mir geschieht, was ich erkunde und erleide, anstrebe und erreiche, festhalte und loslasse, zulasse und verändere. Das Leben beruht im Wesentlichen auf Erfahrungen, die ich unterwegs sammle. Im Wort »Weg« steckt »bewegen«. Ständig bin ich zeitlich und räumlich, äußerlich und innerlich in Bewegung. Ich sammle vielfältige körperliche, geistige und seelische Erfahrungen während ich aufbreche, unterwegs bin, Irr- und Umwege gehe, anderen begegne, auf mein Ziel hin gehe, ankomme oder heimkehre.

Das Wort »Weg« ist sprachlich auch mit »Sinn« verwandt. Sich auf den Weg machen heißt: auf etwas sinnen, seinen Sinn erfahren wollen. Das Leben ist ein Weg: Die Metapher lädt mich als Pilger ein, mich aus erstarrtem Denken und Verhalten zu befreien, mich bewegen zu lassen von meiner Sehnsucht nach den Dingen im Leben, die für mich wesentlich sind. Auf dem Weg sein – das ist eine Grunderfahrung menschlichen Lebens. Hier begegne ich Konstantem, Traditionen und Erstarrtem, aber auch Offenheit und Aufbrüchen, Veränderungen und Wandel. Letztlich kommt es auf mich als Pilger an, mich zu öffnen, meinen Weg zu suchen und zu gehen. Der Therapeut und moderne Mystiker Manuel Schoch schreibt über diese Offenheit: »Wenn du offen bist, kommen die Dinge auf dich zu. Wenn sie nicht kommen, ist es noch nicht an der Zeit« (Schoch, Dein wahres Potenzial, 128).

Dem Weg als Symbol und der menschlichen Grunderfahrung des Unterwegseins begegnen wir sehr häufig in den Schriften des Alten und Neuen Testaments. Für das Volk Israel war Jahwe ein »Gott des Weges«, der es begleitet (vgl. Müller, Die Seele laufen lassen, 29 f u. 63). Jesus von Nazareth wurde nach einer langen Wanderung seiner Eltern in Bethlehem geboren. Sein öffentliches Auftreten war ein Pilgern mit seinen Anhängern durch Galiläa und nach Jerusalem. Pilgernd verkündete und lebte er seine »frohe Botschaft« von einem barmherzigen und liebenden Gott. Die frühen Christen benutzten das Wegsymbol als Selbstbezeichnung und nannten sich »Anhänger des neuen Weges« (Apostelgeschichte 9,2 u.a.). »Der neue Weg« – das war ihr Glaube und die Art und Weise, wie sie ihn lebten. Sie wollten damit sagen: Unsere Erfahrungen kann man nur verstehen, wenn man sich auf einen Weg begibt, sich ihm anvertraut und eigene Erfahrungen sammelt in der Gewissheit, »du bist auf diesem Weg nicht allein, viele gehen ihn mit dir. Es geht dir einer voraus: Jesus Christus … das Kennzeichen am Christusglaube ist nicht, dass er ein Glaube, sondern ein Weg ist. Du kannst ihn nicht lernen und auswendig hersagen, du musst ihn gehen. Du selbst« (Zink, Die goldene Schnur, 19).

Pilgern auf Jakobuswegen und im Alltag des Lebens erfordert

zunächst den Mut, aufzubrechen und zu gehen. Drei Arten von Bereitschaft sind dabei hilfreich. Zunächst die Bereitschaft, der Natur, kulturellen Schöpfungen, anderen Menschen, mir selbst, und Gott zu begegnen. Zweitens die Bereitschaft, offen zu sein für diese sehr unterschiedlichen Begegnungen und all die darin enthaltenen Überraschungen, Erkenntnisse und Erfahrungen. Und schließlich die Bereitschaft, mich durch das, was in diesen Begegnungen geschieht, verwandeln zu lassen. Was solch eine Bereitschaft bewirken kann, zeigt das Bekenntnis eines Pilgers:

Ich ging diesen Weg nicht aus religiösen Beweggründen, doch die Landschaft, die vielen Menschen, Junge, Alte, die Spanier und die vielen aus verschiedenen Nationen, ihre Eigenarten, Offenheit und Freundlichkeit, die Verständigung durch Sprache, gebrochene Worte, Mimik und Gestik faszinierten mich. Dieser Weg hat mich »ergriffen«. Ich bin als Wanderer aufgebrochen und als Pilger angekommen.

Pilgern gegen den Strich?

Einmal sagte ein Pilger zu mir: »Die Pilger auf Jakobuswegen leben gegen den Strich.« Diese Aussage überraschte mich. Vor allem, wenn ich an die wachsende Zahl der Pilger aus vielen europäischen und außereuropäischen Ländern denke und die oft gehörte Klage, der Camino de Santiago sei überfüllt von Pilgern. Auch wer den locker erzählten Bericht von Hape Kerkeling mit seinen vielen pilgeruntypischen Verhaltensweisen in Erinnerung hat, wird sich fragen: Gegen welchen Strich wird auf Jakobuswegen gepilgert?

Bevor du nach Antworten suchst, lade ich dich ein, den Satz nochmals zu lesen und ihn auf der Zunge zergehen zu lassen: *Pilger auf Jakobuswegen leben gegen den Strich.*

Im Zentrum dieses Satzes mit sieben Worten steht das aktive Verb »leben«. Für mich ist das kein Zufall, sondern ein sprechendes Signal, ein Wegweiser. Beim Pilgern geht es um mich und meine Lebensgestaltung. Pilgern ist mehr als »Ich bin dann mal weg«. Pilgern ist eine innere Haltung, die ich in mir entdecke, erprobe oder die ich mir im Laufe meines Unterwegsseins aneignen kann. Ein Pilgertag oder Pilgern während einer zwei- bis dreiwöchigen »Auszeit« ist ein erster Schritt, ein Mittel, um »gegen den Strich zu leben«. Das könnte heißen, sich gegen die allgegenwärtige Beschleunigung und die aufreibende Arbeits- und Freizeitgestaltung zu wehren, Termine, Sitzungen oder die Smartphonenutzung zu reduzieren oder für eine gewisse Zeit darauf zu verzichten, Widerstand gegen Zeit- und Leistungsdruck, auslaugende Erwartungen und Abhängigkeiten, Gewohnheiten und Bequemlichkeiten zu leisten. Letztlich liegt es an mir, ob ich die Kraft aufbringe, etwas zu ändern, oder wie Mahatma Gandhi es ausdrückt: »Es gibt im Leben mehr zu tun, als dessen Lauf zu beschleunigen.« Was kann geschehen, wenn ich nicht dagegen halte? Hape Kerkeling schreibt dazu:

»Über Monate nicht auf die innere Stimme zu hören, die einem das Wort ›PAUSE!‹ förmlich in den Leib brüllt, sondern vermeintlich diszipliniert weiterzuarbeiten, rächt sich – indem man einfach gar nichts mehr hört. Eine gespenstische Erfahrung! Der Frust und die Wut über die eigene Unvernunft lassen dann auch noch die Galle überkochen und man befindet sich in der Notaufnahme eines Krankenhauses mit Verdacht auf Herzinfarkt wieder. Wütend darüber, dass ich es so weit habe kommen lassen, bin ich immer noch! Aber ich habe endlich wieder meiner inneren Stimme Beachtung geschenkt und siehe da: Ich beschließe, [...] mir eine Auszeit zu spendieren.« (Kerkeling, Ich bin dann mal weg, 14)

Es geht also darum, sich rechtzeitig um dieses »Mehr«, um den Sinn meines Lebens zu bemühen. Denn das Leben ist zu wertvoll, um es einfach an sich vorüberziehen zu lassen. Nimm das Steuer deines Lebens selbst in die Hand. Steuere selbst und, wenn nötig, auch dagegen. Es gibt viele Situationen, in denen Menschen gezwungen werden, mitten im Alltag ein neues Leben zu beginnen, sei es durch Unfall, Krankheit, Trennung oder Tod des Partners, Verfolgung oder Emigration. Warum ändern wir unser Leben nur, wenn Leiderfahrungen oder Krisen uns dazu zwingen? Warum nicht früher? Ich habe keine fertigen Antworten, aber einige Fragen als Anregung:

- Lebe ich so, wie ich es mir vor zehn, zwanzig oder dreißig Jahren vorgestellt habe? Wie will ich weiter leben?
- Welche Gedanken und Gefühle beherrschen mich manchmal: Zuversichtliche oder sorgenvolle? Welche guten Erfahrungen will ich stärken? Fühle ich mich zurzeit eher in einer Sackgasse, ausgelaugt, ausgenutzt …?
- Kommt mir ab und zu der Gedanke, etwas ganz anderes, etwas völlig Neues zu beginnen, gegen den Strich meines bisherigen Lebens zu leben?

Eine Chance, ein Weg, um sich mit solchen Fragen zu beschäftigen und persönlich mehr Orientierung, Halt und Sinn im Leben zu entdecken, ist das Pilgern. Dazu ein Pilger:

Ich habe auf dem Jakobusweg viel Schönes gesehen und hatte tolle Begegnungen. Auf manche Hektik, Beobachtung und Begegnung auf den letzten 100 Kilometern vor Santiago könnte ich verzichten. Doch die Bereicherungen unterwegs überwiegen. Die Kennzeichnung des Weges mit der Muschel war für mich hilfreich und entlastend. Sie erleichterte es mir, meinen inneren Weg zu gehen. Ich war auf der Suche nach mir selbst und nach Antworten auf meine Fragen und Zweifel. Zunächst musste ich die Gedanken an meinen Beruf und Alltag daheim loslassen. Das war nicht leicht, doch mit jedem Tag wurde ich ruhiger und gelassener. Ich spürte, ich werde offener für die abwechslungsreiche Natur und Kultur, für mich selbst, für die Sorgen und Freuden der Mitpilger und für Gott. Ich sah, hörte, spürte und dachte über mich selbst, ja über Gott und die Welt nach, alles Dinge, die ich sechs Wochen vorher nicht wahrgenommen oder übergangen oder gar abgelehnt habe. Ich wurde unterwegs reich beschenkt. Wohl habe ich jetzt etwas Bammel, wie es daheim weitergeht, doch ich bin zuversichtlich, dass ich das schaffe.

Rhythmus und rechtes Maß

Gehen ist in der Regel ein Kinderspiel, ich setze immer wieder ein Fuß vor den anderen. Gerade deswegen wird uns das Wunderbare an dieser Bewegung nur bewusst, wenn wir darauf achten. Gehen ist mehr, als einen Fuß nach dem anderen auf die Erde zu setzen, es bedeutet, sich von einem Ort zu lösen, einen neuen festen Grund zu suchen, von ihm getragen zu werden, sich wieder zu lösen, vorwärts zu kommen, auf ein Ziel zuzugehen. Für das Gehen kennt die Umgangssprache viele Vergleiche, z. B. »es läuft wie geschmiert« oder »wie eine Schnecke kriechen«, »vorbeigehen oder vergehen«, ich könnte »aus mir herausgehen« oder »es mir gut gehen lassen«. Indem ich meine Aufmerksamkeit auf das Gehen richte, komme ich in einen »Geh-Rhythmus«, der mich körperlich, geistig und seelisch erfasst. Verspannungen lassen nach, ich werde lockerer und es kommt in mir etwas »in Gang«.

Für Pilgerinnen und Pilger gehört das Gehen zum Tagesablauf und doch ist es mehr. Ich bin eingeladen, das äußere Gehen immer wieder mit dem inneren Unterwegssein zu verbinden: gehen, schweigen, langsam gehen, einander begegnen und miteinander reden, singen, feiern oder Sorgen und Freude teilen, innehalten, alleine pilgern, Pausen machen, sich zurückziehen und Zeit für sich nehmen, die Füße pflegen und ihnen danken, das kühle Wasser eines Bachs oder Brunnens genießen, lesen, die Natur achtsam wahrnehmen, auf den Weg achten, vor einem Bildstock oder Kreuz stehenbleiben, still in einer Kirche sitzen, beten, sich selbst über Ängste und Hoffnungen, Lebenserfahrungen und neue Lebensmöglichkeiten befragen, über den eigenen Glauben, den Sinn des Lebens und Gott nachsinnen …

Tag und Nacht, Hell und Dunkel, Gehen und Ruhen geben den Pilgertagen einen Rhythmus. Wie erlebe ich die Übergänge von der Nacht zum Tag und vom Tag zur Nacht, halte ich rechtzeitig inne, nehme das Tempo heraus oder mute ich mir zu viel zu? Das alles beeinflusst mich körperlich, seelisch und geistig.

Hilfreich sind dabei Rituale. Sie »strukturieren den Tag. Sie erinnern uns immer wieder daran, selber zu leben, anstatt gelebt zu werden. Und sie bringen uns in Berührung mit uns selbst« (Grün, 50 Rituale für das Leben, 17).

Das gilt für den Alltag und erst recht für das Pilgern. Gerade hier können wir uns – gelöst von allen Erwartungen und Aufgaben – ganz auf den eigenen Rhythmus einlassen, neue Rituale ausprobieren und erleben. Bewährt hat sich für Einzelpilger und Pilgergruppen, den Tag mit einem Impuls zu beginnen, unterwegs immer wieder einmal innezuhalten, eine Situation oder Begegnung zu nutzen, um sich zu informieren oder ruhig einen Impuls zu lesen. Am Abend in aller Ruhe auf den Tag zurückzuschauen, wichtige Erlebnisse, Erfahrungen und Gedanken ins Tagebuch zu schreiben und alles, was ich erlebt habe, dankbar abzurunden. In diesem Buch findest du dazu vielfältige Impulse.

Denke auch daran: Weniger ist mehr. Pilgern ist ein ganzheitliches Geschehen, ein Unterwegssein mit Körper, Geist und Seele. Was immer du tust beim Pilgern, nimm dir Zeit für dich. Öffne deine Sinne für die Begegnungen mit der Natur, der Geschichte und Kultur des Weges, für die Menschen auf und am Weg, für dich selbst und für die Sprache Gottes entlang des Weges. Wähle dir täglich nur wenige spirituelle Impulse aus. Ab und zu lohnt es sich auch, sich mit einem Thema oder einem Impuls zwei, drei Tage zu beschäftigen. Manchmal ist ein Thema an einem Tag noch nicht reif. Lass es dann ruhen. Ich bin sicher, unterwegs wird es dir wieder begegnen. Deine Seele und dein Geist brauchen dazu Zeit. Finde das rechte Maß für deinen Tagesrhythmus.

Der leere Weg heißt dich willkommen
mit duftend frischem Gras
und kleinen Blumen …
Der Weg ist dir ein guter Freund.
Er wird dir seine Festigkeit
und seinen Frieden schenken.
Thich Nhat Hanh

Spurensuche

Ich gehe pilgern

Ab heute
für eine gewisse Zeit
alles stehen und liegen lassen

Ab heute
meiner Sehnsucht
Raum geben

Ab heute
offen und achtsam
anderen begegnen

Ab heute
wieder fragen
wer ich bin

Ab heute
Spuren suchen
Neues entdecken

Ab heute
täglich dankbar
meinen Tag der Nacht übergeben

Ich gehe pilgern
Peter Müller

Äußere und innere Spuren

»*Ultreia – auf geht's, wir brechen auf zum Pilgern!*« So ermutigen sich viele Pilger nach dem Pilgersegen zu den ersten Schritten ihres oft langen Pilgerweges.

»*Ultreia – auf geht's, weiter nach Santiago!*« So rufen sich die Pilger auf Jakobuswegen zu. Sie alle wissen: Keiner kehrt so zurück, wie er aufgebrochen ist.

»*Ultreia – auf geht's zu dir selbst!*« Der Ruf gilt nicht nur für den äußeren, sondern auch für den inneren persönlichen Pilgerweg.

Heute grüßen sich viele Pilger auf Jakobuswegen mit »hola« oder »buen camino«. Aber auch der ältere Gruß »e ultreia« oder verkürzt »ultreia« wird öfter benutzt. Er ist dynamischer, auffordernd und ermutigend. Sein Ursprung ist unbekannt. Viele Erklärungen erinnern an ein altes Lied aus dem ersten Pilgerbuch über das Pilgern nach Santiago de Compostela, dem Codex Calixtinus, der im 12. Jahrhundert entstanden ist. In der letzten Zeile des Liedes heißt es: »E ultreia e suseia, Deus aia nos. – Auf geht's! Weiter! Gott steh uns bei!«

Auf Jakobuswegen sehe ich vor mir immer wieder Fußspuren von Pilgern, die diesen Weg gegangen sind. Spuren im feinen Staub, auf weichem Waldboden oder feuchtem Untergrund. Spuren mit individuellem Muster, mit klarem Profil, manche neben-, über- oder hintereinander, andere verwischt. Was wäre, wenn diese Spuren erzählen könnten? Vielleicht würden sie erzählen von Pilgern und deren Sehnsüchten, Hoffnungen und Sorgen, von schweren Rucksäcken und inneren Belastungen, von müden Beinen, schmerzenden Blasen und körperlichen Grenzen, von zuhörenden Begleitern, ermutigenden Gesprächen, befreiendem Lachen, schweigendem Gehen. Ihre Erzählungen wecken in mir Erinnerungen und während ich gehe, frage ich immer wieder nach den Spuren, die mein Leben prägten, nach Spuren, denen ich zurzeit folge, nach Spuren, an denen ich mich neu orientieren kann, nach Spuren, um neue Wegen in meinem Leben zu gehen. Gleichzeitig ist mir bewusst, dass Spuren vergänglich sind. So vergänglich wie die vor mir liegenden Spuren sind auch meine Spuren, die ich im Leben bisher hinterlasse habe und noch hinterlassen werde. Für heute jedoch gilt: Ich folge den Spuren der Pilger und gehe neue Wege, ich hinterlasse Spuren und hoffe, dass mein Pilgern Spuren in mir hinterlässt, die meinem Leib und meiner Seele guttun.

Jakobus der Ältere – biblische Spurensuche

Als im 12. Jahrhundert ein Botschafter des Kalifen von Cordoba im Norden Spaniens unterwegs war, fragte er seine Begleiter erstaunt: »Wer ist diese Persönlichkeit, vor der unzählige Christen von beiden Seiten der Pyrenäen beten? Die Menge derer, die dorthin gehen und zurückkommen, ist so groß, dass wir auf der Straße nach Westen kaum Platz finden, um voranzukommen« (Emir Al ben Yusuf, 1106–1142). Die Begleiter antworteten: »Diese Persönlichkeit ist der Apostel Jakobus, … den die Christenheit und vor allem Spanien als ihren Patron verehren.«

Welche Antwort würdest du heute geben?

Eine Antwort, die alle Gesichtspunkte berücksichtigen will, wird nicht gelingen und ständig an die Grenzen unseres Wissens stoßen. So ist es etwa historisch nicht eindeutig zu belegen, dass Jakobus als Erster in Spanien das Christentum verkündet hat. Viele Historiker orientieren sich überwiegend an nachweislichen Quellentexten. Diese berichten häufig von Ereignissen, die lange vor der Textquelle geschehen sein sollen und daher heute als »Legenden« bezeichnet werden. Erst in letzter Zeit werden Stimmen laut, die fordern, die neuen Erkenntnisse der Archäologie, der wirtschaftlichen Verbindungen zwischen Palästina und Galicien auf den alten Handelsstraßen und Seewegen, den kulturellen Austausch im römischen Reich, die Wirren der Völkerwanderungen und die theologischen Auseinandersetzungen der ersten Jahrhunderte, stärker zu berücksichtigen. Auf dieser Basis würde dann der Wahrheitsgehalt mancher Legende sichtbar werden.

Ähnliches gilt auch für viele Texte aus den Evangelien, auch für jene, in denen von Jakobus, dem Sohn des Zebedäus, und seinem Unterwegssein mit Jesus von Nazareth erzählt wird. Die einen nehmen sie wörtlich, andere deuten sie historisch-kritisch und die nächsten therapeutisch. Doch die Evangelien sind, so die übereinstimmende Erkenntnis der Exegeten, keine historischen Berichte, sondern Glaubenszeugnisse der Apostel und der Christengemeinden aus dem ersten Jahrhundert. Leider jedoch spielen diese biblischen Glaubenszeugnisse und damit auch die Erzählungen, in denen von Jakobus berichtet wird, in den meisten Veröffentlichungen über das Pilgern und im Bewusstsein vieler Pilger und Pilgerinnen fast keine Rolle mehr. Die seit der Auffindung des Jakobusgrabes (zwischen 814 und 829) zum Camino entstandenen Legenden, Segenssprüche, Wunderberichte, Hymnen und frommen Wallfahrts- und Pilgergeschichten des Mittelalters, haben – wie schon angedeutet – die biblischen Texte mehr und mehr verdrängt und den biblischen Jakobus verdeckt. Doch auch wenn wir den Lebenslauf von Jakobus dem Älteren nicht mehr rekonstruieren können, finden wir in den Glaubenszeugnissen der Evangelien wichtige Erfahrungen, die er in der Lebensschule Jesu gesammelt hat. Es lohnt sich daher, sich mit den biblischen Erfahrungen des Jakobus näher zu beschäftigen.

Jakobus' Lebensweg war nach den Zeugnissen der Evangelien kein eindeutiger. Er begegnet uns in den Evangelien als suchender, fragender, manchmal zorniger, aber auch nachdenklicher Mensch. Wir treffen ihn sowohl in Erzählungen, in denen er direkt genannt wird, als auch in ausgewählten Situationen, die er mit Jesus im Kreis der Jünger und Jüngerinnen erlebte. Wir erfahren, wie sein Weg begann. Wir lesen von seinem Suchen nach einem sinnerfüllten Leben, seinen Abhängigkeiten von seinem gesellschaftlich-religiösen Umfeld, seinen Fragen, Hoffnungen, Zweifeln, Ansichten, Ängsten, seinen impulsiven und traditionellen Antworten, die er korrigieren musste, seinen hohen Erwartungen, seinen Denk- und Verhaltensweisen. Bevor wir uns einigen Erzählungen nähern, hier zunächst einige biblische Informationen.

War Jakobus ein Pilger? Ist er deshalb der Patron der Pilger? Für viele Pilger mögen diese Fragen naiv sein, doch sie werden immer häufiger gestellt. In den biblischen Texten begegnet uns Jakobus weder als Pilger noch als Pilgerpatron. Aus verschiedenen Hinweisen können wir jedoch schließen, dass Jakobus seiner religiösen Pflicht als Jude nachgekommen und nach Jerusalem gepilgert ist, wie es zum Beispiel im Psalm 122 heißt: »Ich freute mich, als man mir sagte: Zum Haus des Herrn wollen wir pilgern.« Doch Jakobus als Patron der Pilger hat damit nichts zu tun.

Jakobus der Ältere lebte in Galiläa. Wir begegnen ihm in den Evangelien zunächst als Fischer am See Genezareth, er war ein Sohn des Zebedäus und Bruder des Johannes. Damit ist er zu unterscheiden von dem Apostel Jakobus dem Jüngeren (dem Sohn des Alphäus, vgl. Matthäus 10,3) und von Jakobus, dem Bruder des Herrn, der nicht zu den zwölf Aposteln gehörte, der aber die Jerusalemer Gemeinde nach dem Weggang von Petrus leitete. Das Brüderpaar Petrus und Andreas wurde, ebenso wie Jakobus und sein Bruder Johannes, am See Genezareth von Jesus aufgefordert, ihm zu folgen. Letztere werden in den Evangelien oft als »Söhne des Zebedäus« bezeichnet, ein Hinweis auf die Bedeutung dieser Familie im jüdischen Umfeld. Das Ansehen des Zebedäus könnte von seiner familiären Abstammung und seinem Wohlstand kommen. Sein mittelständischer Betrieb erlaubte es ihm, ein eigenes Boot zu haben und Tagelöhner zu beschäftigen (Markus 1,20). Außerdem hatte die Familie Beziehungen zum Hohepriester in Jerusalem (ob geschäftlich oder im priesterlichen Tempeldienst ist nicht geklärt), denn es heißt nach der Gefangennahme Jesu, dass Petrus und ein anderer Jünger Jesus folgten. »Dieser Jünger (die Exegeten nehmen heute an, dass damit Johannes gemeint ist) war mit dem Hohepriester bekannt« (Johannes 18,15).

Jakobus gehörte, zusammen mit seinem Bruder Johannes und Petrus, von der ersten Stunde an zum inneren Kreis der Jünger Jesu. Als der Erstgeborene der beiden Brüder trägt er den Namen Jakob und damit den Namen von einem der Stammväter Israels.

Deshalb und aufgrund seiner Herkunft, und auch wegen seines eifernden und stürmischen Temperaments, können wir annehmen, dass er neben Petrus den größten Einfluss unter den Jüngern hatte. Diesen inneren Kreis nahm Jesus bei bestimmten Anlässen immer wieder mit, etwa auf den Berg Tabor, zu der Erweckung der toten Tochter des Jairus oder auf den Ölberg. Die zahlreichen Erfahrungen während der verschiedensten Begegnungen seines Meisters mit Frauen, Sündern, Kranken und Zöllnern führten dazu, dass er sich mit seinen traditionellen religiös-jüdischen Vorstellungen von Gottes Existenz und Wirken, der Armut der einfachen Menschen und deren Ausbeutung durch die Herrschenden im Lande auseinandersetzen musste. Aus dem suchenden Fischer Jakobus wurde ein lernender Jünger, schließlich ein »Menschenfischer«, wie es Jesus angekündigt hatte. In der Apostelgeschichte (12,1–2) wird berichtet, dass Jakobus als erster der Apostel für seine Glaubensüberzeugung hingerichtet wurde. Das ist der letzte biblische Hinweis auf Jakobus den Älteren im Neuen Testament. Alle folgenden Erzählungen über ihn und sein Leben und Wirken werden heute weitgehend als Legenden gedeutet (siehe auch das Kapitel »Vom Apostel zum Pilgerpatron«).

Können wir heute von Jakobus' Erlebnissen und seinen ermutigenden, manchmal auch schmerzhaften Erfahrungen in der Lebensschule Jesu lernen? Können diese Erfahrungen ein Kompass für unseren inneren Pilgerweg, für unser persönliches Suchen nach Halt, Orientierung und gelingendem Leben sein? Eine ungewohnte Anregung dazu möchte ich mit fiktiven Briefen von Jakobus dem Älteren geben. Was ist damit gemeint?

Um keine Missverständnisse aufkommen zu lassen: Jakobus der Ältere hat keine schriftlichen Zeugnisse hinterlassen (auch nicht den »Jakobusbrief« im Neuen Testament) und er hat vor allem keine Briefe an Pilgernde geschrieben. Wenn ich hier das Stilmittel der Fiktion (d.h. erfunden, mir vorgestellt, angenommen) verwende, dann nur, um mich dem Sinn der biblischen Erzählungen anzunähern, sie besser zu verstehen und zu erkunden, welche Antworten sie für unser Leben heute bereithalten. Mit den fiktiven Briefen lade ich dich ein, die oft bekannten biblischen Erzählungen aus einer ungewohnten Perspektive, nämlich der des Jakobus, neu zu lesen oder zu hören. Ich stelle mir vor, Jakobus begleitet mich auf meinem Pilgerweg. Unterwegs erzählt er mir von Erlebnissen und Begegnungen aus seiner Zeit vor fast 2000 Jahren, als er mit Jesus in Galiläa pilgernd unterwegs war. Durch die Brille von Jakobus erlebe ich seine Geschichten neu. Indem ich mich in seine Situation hineinversetze, sehe ich ihn, aber auch Jesus in einem neuen Licht, denn Jakobus erzählt: Wie habe ich mein Unterwegssein mit dem Wanderprediger im Kreis der Jüngerinnen und Jünger erlebt? Wie stellte ich mir meine Zukunft vor? Welche Fragen, Zweifel, Ängste und Hoffnungen haben mich bewegt? Wie bin ich mit meinen Emotionen, wie mit den Zurechtweisungen durch Jesus oder dessen Verletzung jüdischer Gebote oder Verbote umgegangen? Welche Erfahrungen in der Lebensschule Jesu haben meinen Lebensweg bestimmt?

Seine Erzählungen eröffnen mir die Innenansicht seiner Pilgerseele, einen Blick auf sein inneres Erleben, Fragen und Suchen. Doch dabei kann es nicht bleiben, denn nun bin ich als Pilgerin, als Pilger herausgefordert: Welche Gefühle und Fragen bewegen mich in seinen Erzählungen? Was kann das heute für mich heißen, für mein Zweifeln, Fragen und Suchen, für mein Denken, Fühlen und Handeln hier auf dem Pilgerweg und im Alltag?

Jakobus, der Fischer, Jünger, Apostel und Pilgerpatron, war – wie alle Heiligen – kein perfekter Mensch. Er hatte Stärken und Schwächen, Hoffnungen und Grenzen, er erlebte Enttäuschungen, hatte Angst und strebte nach Ansehen, er war besorgt um seine Zukunft. Er war ein Mensch wie wir, ein Suchender nach Sinn und Gott. Die fiktiven Briefe und die weiteren Impulse wollen dir einen neuen Zugang zur Person des Pilgerpatrons zeigen. Und sie können zu einer Brücke werden von damals zu heute, um die einmalige Botschaft des Jesus von Nazareth neu zu hören, zu verstehen und zu leben

Die Erzählungen in Form fiktiver Briefe aus der Sicht von

Jakobus zu schreiben, stellt auch für mich ein Wagnis dar. Ich bin mir bewusst, dass meine Betroffenheit, Hoffnungen und Grenzen, mein begrenztes Wissen und die Erfahrungen meines Pilgerlebens in die Briefe einfließen. Ich lade dich ein, die Briefe als spirituelle Denkanstöße mit offener Bereitschaft zu lesen und mit Herz und Verstand darüber nachzusinnen. Beginne immer bei dir selbst, achte auf deine Gedanken und Gefühle, dann rede mit dir selbst, mit anderen und Gott darüber. Ich bin überzeugt, du wirst Antworten und vielleicht eine tiefere Wahrheit für dich finden. Anthony de Mello hat einmal folgenden Rat gegeben: »Verachtet nicht die Geschichten. Eine verlorene Goldmünze findet man mit einer billigen Kerze, die tiefere Wahrheit mit Hilfe einer Geschichte« (de Mello, Die schönsten Geschichten, 53).

Segnen und gesegnet sein

Pilgern beginnt nach alter Tradition mit einem Segen. Im Mittelalter wurden die Pilger, ihre Tasche, ihr Stab und Hut zu Beginn einer Pilgerreise gesegnet. Viele wurden von Gemeindemitgliedern eine kurze Wegstrecke begleitet. Der Kern dieser Tradition, der Segen für einen Pilger, blieb erhalten und wird heute noch in zahlreichen Orten als Ritual zum Start in eine Pilgerwanderung angeboten.

Was ist ein Segen? Nur ein Ritual oder mehr? Zu verschiedenen Anlässen wünschen wir anderen Menschen Gutes, wir »segnen« sie. Nicht nur mit dem Kreuzzeichen, wie am Ende eines Gottesdienstes, sondern auch mit Worten. »Segnen«, was auf lateinisch »*benedicere*« heißt, bedeutet gut über einen reden, ihm Gutes zusprechen, ihn ermutigen und ihm wünschen, dass das Gute in ihm wachse und gedeihe.

Wenn uns Gutes zugesprochen wird, dann erinnern wir uns an den Ursegen Gottes, der nach der Erschaffung des Menschen sagte: »Es war sehr gut.« Wenn wir gesegnet werden, dann können wir, wie der biblische Abraham, darauf vertrauen, dass Gott uns segnet: »Ich will dich segnen, … und du sollst ein Segen sein« (Genesis 12,3). Segen heißt dann »Gott begleitet mich«. Während ich täglich gehe, werde ich gelassener, Neues wächst in mir, mitten im täglichen Pilgern aus den Begegnungen, aus dem Schweigen, dem Alleinsein, aus Freude und sorgenvollen Gedanken. Es reift und gedeiht, mein Leben erhält Sinn. Gleichzeitig werde ich zum Segen für andere, wenn ich zuhöre, begleite und ermutige.

Eine weitere Deutung des Wortes »Segen« finden wir im lateinischen Wort »*signare*«, was *siegeln, bezeichnen* heißt. Schon im ersten Jahrhundert bezeichneten Christen sich mit dem Kreuzzeichen. Es war für sie ein Schutzzeichen (Siegel) und Segen. Es sollte sie vor Unheil bewahren, damit sich das Gute in ihnen entfalten kann.

Ein »Segen« widerspricht dem heutigen Leistungsdenken. Ich muss dafür keine Leistung bringen, ich erhalte den Segen geschenkt. Ich bin eingeladen, das mir zugesagte Gute zu leben und zum Segen für andere zu werden. Die einzige Voraussetzung ist, dass ich mich dafür öffne und bereit bin, mich segnen zu lassen.

Bevor wir uns nun auf den Weg machen und dabei den Spuren unzähliger Pilger, den biblischen Spuren von Jakobus dem Älteren folgen und unseren eigenen inneren Weg gehen, lade ich dich ein, mit einem Pilgersegen dir selbst oder durch andere Gutes zuzusprechen und Gott zu bitten, dich und deine Weggefährten zu begleiten und zu schützen.

Pilgersegen

Der Herr sei mit dir
zu Beginn des Pilgerns,
wenn du dich wachsam einlässt auf das,
was das Pilgern dir abverlangt und schenkt.

Der Herr sei mit dir
in angenehmen Zeiten,
wenn du mit offenen Sinnen unterwegs bist
und die einfachen Dinge schätzen lernst.

Der Herr sei mit dir
in schwierigen Zeiten,
wenn dein Körper müde wird oder schmerzt
und seelischer Müll entsorgt werden muss.

Der Herr sei mit dir
in allen Begegnungen,
wenn du zuhörst, redest oder schweigst
und jede Wetterlage gelassen annimmst.

Der Herr sei mit dir
am Ziel deines Pilgerns,
wenn du innerlich gestärkt ankommst
und zurückschaust auf deinen Pilgerweg.

Der Herr sei mit dir,
er segne dich und schenke dir die Gewissheit:
Er ist bei dir und begleitet dich
auf Pilgerwegen und im Alltag des Lebens.

Peter Müller

Auf inneren Pilgerwegen –
unterwegs mit Jakobus

Dein Weg nach innen

Dein Weg nach innen
lässt dich klarer sehen
wie tief du eingebunden bist
in Schöpfung und Kosmos

Dein Weg nach innen
führt dich zur Quelle deiner Freude
zu einer staunenden Dankbarkeit
über das Geschehen deines Lebens

Dein Weg nach innen
beflügelt dich zu einem einfachen Leben
du verlierst dich nicht mehr im Außen
findest die Spur zum Glück in dir
Pierre Stutz

Aufbrechen heißt neu leben

Es ist Zeit, etwas Neues zu beginnen
und dem Zauber des Anfangs zu vertrauen.
Meister Eckhart

Auf-Brüche

Brich auf und geh
wage es jeden Tag
dich zu verändern

Brich auf aus
sorgenvollen Gedanken
erstarrten Gewohnheiten
lähmenden Vorstellungen
einengenden Erwartungen

Gehe pilgern mit
Leib und Seele
offenen Sinnen
schweigender Achtsamkeit
ganzem Herzen

Sei aufmerksam für
die Vielfalt der Natur
unerwartete Begegnungen
Gedanken und Gefühle
die unerschöpfliche Sprache Gottes

Sammle auf dem Weg
jeden Tag neu
dich selbst ein
und du wirst
verwandelt ankommen

Peter Müller

Wie es damals begann

(Markus 1,16–20)

Liebe Pilgerin, lieber Pilger,

manchmal frage ich mich, was dich und die unzählige Frauen und Männer bewegt, Tag für Tag zu pilgern? Ist es Sehnsucht oder Unzufriedenheit, ist es der Wunsch nach Freiheit und Abstand vom Alltag oder Flucht aus Abhängigkeiten? Ist es ein Schicksalsschlag, Dankbarkeit, die Suche nach Orientierung, nach Gott? So unterschiedlich die Motive der Pilger auch sein mögen, einige sind mir aus meinem Leben sehr vertraut. Daher will ich dir erzählen, was mich damals bewegte, mit Jesus von Nazareth zu gehen.

Seit meiner Jugend arbeitete ich in Betsaida am See Genezareth als Fischer, zusammen mit meinem Bruder Johannes und Tagelöhnern im kleinen Betrieb meines Vaters Zebedäus. Er war ein angesehener Mann, der auch gute Beziehungen zum Tempel in Jerusalem hatte. Als junger Mann war ich oft unzufrieden mit meinem Leben. Ich spürte, dass es so nicht weitergehen kann, doch da ich nicht wusste, wie ich es ändern könnte, war ich oft schlecht gelaunt oder zornig. Mein Leben wurde bestimmt durch meinen Beruf, unsere Familie und die jüdisch-religiösen Traditionen mit ihren zahlreiche Vorschriften. Lange gaben sie mir Halt und Sicherheit, aber ich fühlte mich zunehmend kontrolliert und alles andere als frei. Immer wieder fragte ich mich: Wozu lebe ich? Wie will ich leben? Dazu kamen meine Betroffenheit und mein Ärger über die politische Situation in Palästina, die mich innerlich aufwühlten.

Galiläa war eine landwirtschaftlich fruchtbare Region, doch die römische Besatzungsmacht und die privilegierten jüdischen Großgrundbesitzer verlangten hohe Steuern, die sie erbarmungslos eintrieben. Wir verkauften unsere Fische überwiegend auf dem Land und begegneten täglich der Armut der Menschen. Ganz anders war es, wenn wir unsere Waren in der nahen, von wohlhabenden Juden, Griechen und Römern bewohnten Stadt Sephoris oder den Handelskarawanen auf der Via Maris bei Karfanaum anboten.

Die Armut auf dem Land nahm zu. Es gab immer mehr Arbeitslose, Tagelöhner, Bettler und Kranke. Eine täglich steigende Zahl der Menschen rebellierte gegen die Ausbeutung, oft auch mit Gewalt. Gleichzeitig brach eine neue Heilserwartung auf, die vielen Menschen Hoffnung gab. Sie verkündeten: »Bald wird der Messias kommen, unser Volk befreien und Gottes Reich errichten.« Sie beriefen sich dabei auf die Schriften der Propheten und weckten auch bei mir eine neue Sehnsucht. In dieser wirren Zeit erlebte ich ein Chaos meiner Gefühle und Gedanken. Ich fühlte mich hin und her gerissen zwischen der bedrückenden Realität und neuen Hoffnungen, zwischen Angst, Resignation und aktivem Widerstand.

In dieser Zeit lebte ein charismatischer Asket, Johannes der Täufer. Dieser Bußprediger rief auf zur radikalen Umkehr und einem neuen Denken. Andreas, ein befreundeter Fischer, und mein Bruder Johannes gingen an den Jordan, um ihn kennenzulernen. Andreas ließ sich dort taufen. Sie erzählten mir, was sie gesehen und gehört hatten. Die Worte des Johannes, »Kehrt um! Fangt neu an!«, gingen mir nicht mehr aus dem Sinn.

Da kam eines Tages Jesus aus Nazareth an unsere Anlegestelle. In den Dörfern am See redete man schon über ihn. Er heile Kranke, sei von Gott gesandt und in seinem Heimatort habe man ihn aus der Synagoge verjagt. Mit ihm kamen Simon und Andreas, unsere Fischerkollegen. Während wir die Netze richteten, sprachen wir über unsere Ängste und Sorgen, Zweifel und Sehnsüchte. Jesus hörte aufmerksam zu, antwortete ab und zu mit einem Beispiel oder erinnerte uns an eine alte Lebensweisheit. Wenn er sprach, spürte ich, der redet ja von mir, von meiner Zerrissenheit und Sehnsucht und einer möglichen Zukunft. Mir ging das Herz auf. Am Schluss sagte er einfach: »Kommt doch mit, ich brauche euch, folgt mir!« Ich konnte nicht anders, ich stand auf und ging mit.

Ich weiß nicht, ob du das heute verstehen kannst. Vielleicht fragst du dich: Und dein Vater? Hast du damit nicht deine berufliche Existenz und die des väterlichen Kleinbetriebes gefährdet? Nur weil ein Wanderprediger dich auffordert, mit ihm zu gehen? Deine Fragen sind berechtigt, doch ich spürte, dass ich diesem Menschen vertrauen kann und dass dies der Augenblick ist, meinem Leben eine neue Richtung zu geben. So kam es zum ersten Schritt auf meinem Pilgerweg mit Jesus.

Rückblickend weiß ich, dass diese Entscheidung notwendig war. Es gibt immer wieder Situationen, in denen ich mich meinen Fragen, Zweifeln und Sehnsüchten stellen muss: Wozu lebe ich? Wie will ich leben? Was bedeutet mir Gott? Ich darf nicht ständig ausweichen, ich muss die ersten Schritte wagen. Unterwegs mit Jesus erlebte ich mit ihm auch manch schmerzhafte Erfahrung und es gab Situationen, in denen ich aufgeben wollte. Doch ich habe erlebt, dass es sich lohnt, Altes loszulassen, sich für Neues zu öffnen und sich zu verändern.

Ich wünsche dir den Mut und die Ausdauer, deinen persönlichen Pilgerweg zu gehen.

Dein Begleiter Jakobus

Das Herz hat eine Vernunft,
die der Verstand nicht kennt.
Blaise Pascal

Das unruhige Herz ist die Wurzel der Pilgerschaft

Zum Mensch gehört wesentlich, dass er geht. Wer sich äußerlich bewegt, ist lebendig und kommt in Berührung mit seinem »inneren Pilger«. Er spürt eine Ahnung von Weite und Freiheit, sammelt unterschiedliche Erfahrungen und öffnet sich neuen Begegnungen. Der Pilger in uns, das »unruhige Herz«, ist der lebendige Garant, dass wir nicht an Bestehendem festhalten und erstarren, sondern immer wieder Abschied nehmen, aufbrechen und mit Leib, Geist und Seele äußerlich gehen und uns innerlich für Neues öffnen.

»Das unruhige Herz ist die Wurzel der Pilgerschaft. Im Menschen lebt eine Sehnsucht, die ihn hinaustreibt aus dem Einerlei des Alltags und aus der Enge seiner gewohnten Umgebung. Immer lockt ihn das Andere, das Fremde. Doch alles Neue, das er unterwegs sieht und erlebt, kann ihn niemals ganz erfüllen. Seine Sehnsucht ist größer. Im Grunde seines Herzens sucht er ruhelos den ganz Anderen und alle Wege, zu denen er aufbricht, zeigen ihm an, dass sein Leben ein Pilgerweg zu Gott ist« (nach Aurelius Augustinus).

Aufbrechen ins Pilgerleben

Aufbrechen – Ich breche auf und beginne, eine Idee, eine Sehnsucht zu verwirklichen. Meine Sehnsucht bekommt Füße.

Aufbrechen – Ich breche auf aus meinem gewohnten Lebensrhythmus, aus erstarrten Vorstellungen und Abhängigkeiten. Ich gehe in die Fremde, ich weiß nicht, was mich auf dem Weg erwartet, was er mit mir macht. Ich lasse mich auf Unbekanntes ein.

Aufbrechen – Ich bin neugierig und unsicher, doch jetzt ist meine Chance, Altes loszulassen und mich auf Neues einzulassen.

Aufbrechen – Ich bin ein Suchender: staunen, fragen, zweifeln, mich öffnen, mich anregen lassen, mich freuen, lachen, weinen, getröstet werden, mich verändern und verwandeln lassen.

Aufbrechen – Ich gehe auf einem konkreten Pilgerweg. Ich bin in Bewegung und mute mir zu, meine innere Schale aufzubrechen, mich zu öffnen für neue Gedanken, Begegnungen, Erlebnisse, Natur, Kultur und Gott.

An welche wichtigen Aufbrüche (Anlässe, Situationen …) in deinem Leben erinnerst du dich?
Wie hast du sie damals erlebt?
Was hat damit begonnen oder sich verändert?

> *Wenn du aufmerksam und wach bist, wird dir die Antwort auf dein Tun in jedem Augenblick offenbar sein.*
> Rumi

Wunder

Ich wage es wieder,
mich aufzurichten,
selbst zu stehen
und selbst zu gehen;
selbst zu entscheiden
und selbst zu verantworten.

Ich wage es wieder,
zu sagen, was mir wichtig ist;
zu tun, was mir entspricht;
zu sein, wie ich bin.

Dein Ja zu mir
trotz all meiner Zweifel,
trotz all meiner Fehler,
trotz all meiner Mängel,
ermöglicht mir,
neu zu beginnen.

Max Feigenwinter

Den Tag gut beenden

Ich bin am Tagesziel angekommen. Nun nehme ich mir Zeit, um
zurückzuschauen.

> *Ich halte inne*
> *am Ende meines Pilgertages*
> *und achte auf mein*
> *Ein- und Ausatmen*
> *damit ich in Stille*
> *das Mühsame und Beglückende*
> *des Tages anschauen kann*
>
> *Während mein Atem*
> *kommt und geht*
> *erinnert er mich*
> *an den Lebensatem Gottes*
> *in allem*
> *dem ich heute begegnet bin*
>
> *Ich danke heute*
> *mit meinem aufmerksamen Atmen*
> *für meine ersten Schritte in den Tag*
> *für alles, was ich heute erlebt habe*
> *der Natur für ihre Schönheit*
> *den Menschen für die Begegnungen*
> *Gott für seine Begleitung*
> Peter Müller

Neu sehen lernen

Ein glänzender Stein am Wegrand.
So klein – und doch so schön.
Ich hob ihn auf. Er war so schön!
Ich legte ihn wieder zurück
und ging weiter.
Calvin O. John

Tue so

Tue so
als wäre jeder Pilgertag
ein neuer Aufbruch

ein neues Sehen und Hören
ein neues Riechen und Schmecken
ein neues Wahrnehmen

die ersten unsicheren Schritte
der leichte Nebel über der Wiese
die leuchtenden Mohnblumen

das schlichte romanische Kirchenportal
die Stille in einer halbdunklen Kirche
der Blick in die Weite zum Horizont

die wärmende Sonne
der kühlende Wind
das aufziehende Gewitter

das erfrischende Brunnenwasser
der Duft des frischen Brotes
der Geschmack des süßen Weines

die Gedanken und Gefühle
das Innehalten am Wegrand
die müde werdenden Füße

Tue so
als wäre jeder Pilgertag
ein neuer Aufbruch ins Leben

Peter Müller

Blinde Flecken erkennen und neu sehen lernen
(Markus 8,22–26)

Liebe Pilgerin, lieber Pilger,

heute erzähle ich dir eine Geschichte, die ich aus nächster Nähe erlebt habe. Während wir von Ort zu Ort zogen, sprach Jesus immer wieder von seinem gütigen Gott, doch wir hörten kaum auf seine Worte. Wir waren gefangen in unseren Gedanken und hofften, Jesus werde der von Gott gesandte Messias sein, der unser Land von den Römern befreit und Gottes Reich errichten wird. Jesus spürte das und rief einmal ärgerlich aus: »Habt ihr denn keine Augen, um zu sehen, und keine Ohren, um zu hören?« (Mk 8,18). Damals verstand ich nicht, was er mir damit sagen wollte.

Kurz darauf kamen wir nach Betsaida. Da brachte man einen Blinden zu Jesus. Die Menschen baten Jesus, diesen Mann zu berühren. Jesus ging auf den Blinden zu, nahm ihn bei der Hand und führte ihn aus dem Dorf hinaus. Wir gingen ein Stück mit, doch Jesus gab uns ein Zeichen stehen zu bleiben. Er wollte allein mit dem Blinden sein. Ich hatte den Eindruck, er möchte ihm zeigen: Du bist jetzt das Wichtigste für mich, ich bin ganz für dich da. Wir beobachteten, wie Jesus stehenblieb und die Augen des Blinden ganz behutsam mit Speichel bestrich. Dann legte er ihm als Zeichen des Segens die Hände auf den Kopf und fragte ihn: »Siehst du etwas?« Der Mann blickte auf und sagte: »Ich sehe Menschen, denn ich sehe etwas, das wie Bäume umhergeht.« Gespannt wartete ich auf Jesus' Antwort, doch er sagte kein Wort, sondern wendete sich wieder dem Mann zu, legte ihm die Hände auf die Augen und alles war still. Als Jesus seine Hände wieder wegnahm, blinzelte der Mann einige Male und rief: »Ich kann sehen!« Jesus legte ihm die Hand auf die Schulter und sagte zu ihm: »Geh nach Hause, aber geh nicht in das Dorf hinein.«

Diese Begegnung beschäftigte mich lange. Sie erinnerte mich an Situationen, in denen ich blind war vor Zorn, Übereifer, Neid, Rache und Angst – als hätte ich eine trübe Brille auf. Ich sah alles aus meiner Sicht und war blind für die Anliegen, Meinungen oder Not der anderen.

Geht es dir manchmal auch so? Welche »Brillen« verhindern bei dir eine klare Sicht?

Was macht Jesus? Er nimmt den Mann bei der Hand und führt ihn aus dem Dorf hinaus. Draußen, allein und ohne die starken Einflüsse aus dem Dorf, ist Jesus nur für ihn da. Seine Nähe, Berührungen, Zuwendung, Worte und Hände wecken das Vertrauen des Blinden. Die erstarrten Vorstellungen des Mannes weichen auf. Zunächst sah er nur schemenhaft, d. h. seine eigenen »Schattenseiten«. Aber er spürte, dass er deshalb nicht verurteilt wird. Im Gegenteil, Jesus legt ihm nochmals die Hände auf seine Augen. Äußerlich sah er nun nichts, aber nach innen lichtete sich das Dunkel, denn danach sah der Mann deutlich.

Was war hier geschehen? Erst viel später erkannte ich, dass Jesus vielleicht gar keinen physischen Sehdefekt heilte, sondern dem Mann half, seine »alten Brillen« anzuschauen, wegzureißen, abzulegen. Brillen der Angst, der Enttäuschung, des Vorurteils, des Neids oder des Zorns, um klarer sehen zu können.

Bekanntlich braucht jede Wunde Zeit, um zu heilen, denn sie ist immer in Gefahr, sich neu zu entzünden. Jesus sagte daher zu dem Mann, er solle nach Hause gehen, aber nicht ins Dorf hinein. Das war wieder so eine der paradoxen Aussagen meines Rabbi. Verstehst du sie? Ich habe sie zunächst nicht kapiert. Doch heute denke ich, Jesus wollte ihn warnen. Sei vorsichtig, es ist noch zu früh, ins Dorf, in den Einflussbereich der »alten Brillen«, in die Praxis des Wegsehens und des Übersehens, in die Atmosphäre der fremden Erwartungen, Leistungsanforderungen, Hektik, Orientierungslosigkeit und Ausbeutung zurückzukehren. Du musst jetzt erst für dich sorgen. Gehe immer wieder nach innen, nach Hause, zu dir selbst, zu dem, was dich als Mensch ausmacht. Gehe mit Zuversicht, lerne klarer zu sehen, um dich dann gestärkt und geheilt den Einflüssen im »Dorf des Lebens« stellen zu können.

Seit ich das erkannt habe, frage ich mich oft: Welche blinden

Flecken, welche »Brillen«, Personen und Urteile beeinflussen meine Sichtweise? Und es tut mir an Leib und Seele gut, täglich innezuhalten, »nach Hause« zu mir zu gehen. Ich spüre, dass ich aufmerksamer bin für alles, was um mich und mit mir geschieht.

Ich wünsche dir auf deinem Pilgerweg Zeit und Ruhe, deine blinden Flecken zu erkennen, sie anzuschauen und darüber nachzudenken, was du ändern kannst.

Dein Begleiter Jakobus

Weg des Lebens

Möge der Weg der Pilgerschaft
eure Augen öffnen,
dass der Jakobusweg
ein Bild für den Weg eures Lebens ist.

Ihr werdet erleben
die Vielfalt von Natur und Kultur
Begeisterung und Enttäuschung
Freude und Leid.

Ihr werdet
mit Schwierigkeiten zu kämpfen haben,
mit den Unbilden des Wetters,
mit Blasen an den Füßen.

Ihr werdet Menschen begegnen
aus verschiedensten Ländern
Freundschaften schließen
vielleicht für ein ganzes Leben.

Schweigendes Gehen
die Stille in einer Kirche
euer innerer Pilgerweg
erschließe euch den Sinn des Weges.

Möge der Herr euch segnen
und seinen Frieden schenken.

Segen aus der Kirche Santa Maria del Palacio in Logrono,
erweitert und bearbeitet von Peter Müller

Mit allen Sinnen wahrnehmen

Pilgern verändert unsere Wahrnehmung. Wir werden achtsamer. Wir sehen, hören, riechen, schmecken und spüren besser. Ich lade dich ein, deine Sinne zu schärfen.

Ich *sehe* das Spinnennetz im Morgentau, die Formen der Wolken, das wogende goldgelbe Korn, die Farben des Mohns, den knorrigen Baum, das farbige Geflecht am Felsen, die Blume am Wegrand, den flatternden Schmetterling, Kirchtürme, Dörfer …

Ich *höre* das Zwitschern der Vögel, das Klopfen des Spechts, die Geräusche der Blätter im Wind, das Plätschern des Baches am Wegrand, den Ruf des Uhus …

Ich *rieche* das frische Brot, die dampfende Erde nach einem Gewitter, die Düfte der Landschaft, der Blumen und Kräuter …

Ich *schmecke* meine trockene Zunge und das erfrischende Brunnenwasser, ich genieße das einfache Pilgeressen, den saftigen Apfel, die am Wegrand gepflückte Beere …

Ich *spüre* den weichen Waldboden, die wärmende Sonne, den Regen, den Wind, die müden Füße, das Gewicht des Rucksacks, die schmerzenden Blasen …

Mit allen Sinnen nehme ich die Umgebung und mich selbst wahr. Ich staune, genieße und frage: Was fühle und denke ich, was bewegt mich, wenn ich das sehe, höre … – Nur dann kann aus dem »Hin-Sehen« ein »Hinein-Sehen«, aus dem »Hin-Hören« ein »Hinein-Hören« werden, eine innere Wahrnehmung, ein inneres Sehen oder Hören.

Die ganze Schöpfung ist die Schönschrift Gottes, und in
seiner Schrift gibt es nicht ein sinnloses Zeichen.
Ernesto Cardenal

Klostergründung

Ein Manager hatte sich in allen spirituellen Übungen versucht, aber seine innere Unruhe war geblieben. Schließlich vertraute er sich einem Mann an, der in einem kleinen Hospiz auf einer Passhöhe vorbeiziehende Pilger und Wanderer versorgte. »Ich habe eine Zeit lang in einem buddhistischen Kloster gelebt. Ich habe mit einem Guru geübt. Ich habe die Großen Exerzitien hinter mich gebracht. Alles ohne Erfolg. Ich bin so unruhig wie vorher.« Es folgte ein langes Schweigen, bevor der Erfahrene den Rat gab: »Der moderne Mensch muss sein Kloster in sich selbst bauen.«

Roland Breitenbach

Willst du auf dem Pilgerweg damit beginnen?
Auf was möchtest du besonders achten?

Hingerissen staunen

Es gibt auf der Welt und in unserem Leben Dinge, die uns überwältigen, sodass wir nur hingerissen staunen können. Die Schönheiten der Natur ebenso wie die Werke des Menschen. Das Hochgebirge und die technisch vollendete Schnellzuglokomotive. Die Ähre auf dem Feld und die Sinfonie, gespielt von einem Spitzenorchester. Das Meer und die schier unbegreifliche Rechenanlage. Die liebliche, beruhigende Landschaft und die elegant gelungene Konstruktion einer Brücke.

Warum staunen wir hier? Weil sich all dies nicht von selbst versteht und weil sich seine Bedeutung auch nicht darin erschöpft, dass es mancherlei Nutzen für uns hat. Es steckt etwas Größeres dahinter, wenn es Dinge gibt, von denen wir hingerissen sind, und wenn Menschen große Dinge gelingen können. Denn offenbar haben wir nicht alles gemacht, und nicht wir haben uns selbst die Kraft gegeben, große Dinge zuwege zu bringen. Wohin wir auch blicken, wir stehen vor einer Weite, in der unser Auge keinen Haftpunkt findet. Wie genau wir auch fragen, wir finden keine handgreifliche Antwort, wie wir es sonst bei unseren Fragen gewohnt sind.

Otto Hermann Pesch

Du kannst dennoch fragen: Wer hält das alles zusammen?
Welche Gedanken, Fragen, Zweifel und Gefühle weckt das in mir?
Was trägt mich?

Den Tag gut beenden

Am Ende des Tages zurückschauen auf meinen Pilgerweg, die Begegnungen mit Menschen, Natur, Kultur, meine Gedanken, meine Gefühle …

Schreibe das, was dir wichtig ist, in dein Tagebuch und beende mit dem Text aus dem Buch der Weisheit den Tag.

> *Die ganze Welt*
> *ist ja vor dir*
> *wie ein Stäubchen auf der Waage,*
> *wie ein Tautropfen,*
> *der am Morgen zur Erde fällt.*
>
> *Du hast mit allen Erbarmen,*
> *weil du alles vermagst,*
> *und siehst über die Verfehlungen*
> *der Menschen hinweg,*
> *damit sie sich bekehren.*
>
> *Du liebst alles, was ist,*
> *und du verabscheust nichts von allem,*
> *was du gemacht hast. …*
> *Wie könnte etwas*
> *ohne deinen Willen Bestand haben, …*
> *das nicht von dir ins Dasein gerufen wäre.*
>
> *Du schonst alles,*
> *weil es dein Eigentum ist,*
> *Herr, du Freund des Lebens,*
> *denn in allem ist*
> *dein unvergänglicher Geist*
> Das Buch der Weisheit 11,22–12,1

Unter euch aber soll es anders sein

Wer vor sich selbst ausreißt
kann nicht Fuß fassen,
nicht zu sich
und anderen stehen.

Wachsam sein

Was ich euch sage, das sage ich allen: Seid wachsam!
Markus 13,37

Auf niemanden
fallen wir so schnell herein
wie auf uns selbst.

Niemand
verführt uns charmanter und schmeichelhafter
als das eigene Herz.

Jede Ausrede
wissen wir gut zu begründen.

Und in nichts
schlittern wir leichter
als in einen gut klingenden Selbstbetrug.

Vor niemandem
müssen wir daher
wachsamer und mehr auf der Hut sein
als vor uns selbst.
Klemens Nodowald

Unter euch aber soll es anders sein
(Markus 10,35–45)

Liebe Pilgerin, lieber Pilger,

mittlerweile war ich stolz, ein Jünger Jesu zu sein. Wir waren unterwegs nach Jerusalem zum jährlichen Paschafest. Vieles an Jesu begeisterte mich, doch ich gestehe, wenn er vom Reich Gottes sprach, das kommen werde und gleichzeitig schon da sei, dann verstand ich ihn nicht. Ich fragte mich: Wie wird es sein, wenn Gott uns von den römischen Unterdrückern befreit und Jesus das Reich Gottes errichtet? Darüber sprach ich auch mit meinem Bruder Johannes. Wir waren zwar nur einfache Fischer, aber wussten, dass der Herrscher eines Reiches zuverlässige Ratgeber, Vertrauenspersonen und Amtsträger brauchte. Männer wie wir, die für Jesus auf vieles verzichteten.

Unterwegs nutzten daher mein Bruder und ich eine Gelegenheit, mit Jesus darüber zu reden. Als wir neben ihm gingen, sagte ich: »Meister, wir möchten, dass du uns eine Bitte erfüllst.« Er fragte zurück: »Was soll ich für euch tun?« Selbstbewusst sagte ich: »Lass in deinem Reich einen von uns rechts und den anderen links neben dir sitzen.« Statt einer Antwort fragte er: »Wisst ihr, um was ihr da bittet? Könnt ihr den Weg des Leidens gehen, den ich gehen werde?« Meine Antwort kam schnell: »Ja, natürlich!« Er schaute uns schweigend an und sagte dann: »Ja, ich traue es euch zu, doch die Plätze rechts und links von mir zu verteilen, das steht mir nicht zu, sondern nur Gott, meinen Vater.«

Einige aus der Gruppe hörten unser Gespräch, wurden ärgerlich und protestierten. Sie dachten: Was bilden die sich ein? Fühlen die sich als etwas Besseres? Jesus ging aber nicht darauf ein. Er hielt an, rief alle zu sich und sagte: »Ihr habt seltsame Vorstellungen vom Reich Gottes. Ihr meint, wer herrschen will, muss die Ellenbogen einsetzen, lügen, tricksen und korrupt sein, um oben zu sitzen und Macht zu haben. So kennt ihr es von den Herrschern, die ihre Völker unterdrücken, und den großen Männern, die ihre Macht gewalttätig missbrauchen. Unter euch aber soll es anders sein. Wer unter euch eine leitende Aufgabe übernehmen will, der übernehme sie in der Rolle eines Dieners. Auch ich bin nicht gekommen, damit ich mich bedienen lasse, sondern um zu dienen und mein Leben für andere hinzugeben.« Dann stellte er uns seine Vision vom Reich Gottes vor. »Es beginnt hier, in euch. Hier muss es durch euer verändertes Denken und Handeln wachsen und reifen. Es ist also schon da, wenn es sich in euch entfaltet. Dann entsteht durch euch im Umgang mit anderen Menschen ein Reich der Gerechtigkeit und des Friedens, das allein Gott am Ende der Zeit zur Vollendung führen wird. Es gibt also keine Rangordnung und jeder lebe als *Diener* mit und für andere.«

Diese Zurechtweisung musste ich erst einmal verdauen. Ich schämte mich für mein geltungssüchtiges Ansinnen und erkannte, dass meine Vorstellung vom Reich Gottes total falsch war. Stattdessen soll das mir noch so fremde Leitbild des Dienens gelten. Wollte ich das? Konnte ich so leben? Die Antworten auf meine Fragen und Zweifel gab Jesus selbst in den nächsten Tagen und Monaten. Er lebte uns die unmissverständliche Haltung des Dienens vor. Geduldig nahm er uns die Angst, wir könnten zu kurz kommen. Er vertraute uns, lenkte unsere Blicke auf unser egoistisches Drängen nach Anerkennung und vor allem auf die Bedrängnis der Hilflosen, Geängstigten und Leidenden. Er redete nicht um den heißen Brei herum, er sprach offen, klar und ehrlich und war uns ganz nahe. Sein Nein war ein Nein, sein Ja war ein Ja. Er zeigte uns: Redet und handelt so untereinander, wie ich das mit euch und anderen tue.

Meine egoistische Bitte an Jesus war keine Ruhmestat, aber sie war sehr lehrreich für mich. Bei meinem Bemühen, nach Jesu' Leitbild zu leben, machte ich immer wieder Fehler, doch ich vertraute, dass Gott mich annimmt, so wie ich bin.

Ich wünsche dir Begegnungen, in denen du Dienen leben und selbst erfahren kannst.

Dein Begleiter Jakobus

Ein altes Gedicht der Navajo-Indianer

Der erste Friede, der wichtigste, ist der,
welcher in die Seele des Menschen einzieht;

wenn die Menschen ihre Verwandtschaft,
ihre Harmonie mit dem Universum
einsehen und wissen,
dass im Mittelpunkt der Welt
das große Geheimnis wohnt
und dass diese Mitte tatsächlich überall ist,
sie ist in jedem von uns.

Dies ist der wirkliche Friede,
alle anderen sind lediglich Spiegelungen davon.

Der zweite Friede ist der,
welcher zwischen einzelnen geschlossen wird.

Und der dritte ist der zwischen Völkern.

Doch vor allem sollt ihr sehen,
dass es nie Frieden
zwischen den Völkern geben kann,
wenn nicht der erste Friede vorhanden ist,
welcher innerhalb der Seele wohnt.

Quelle unbekannt

Selbstherrlichkeit

Ein buddhistischer Mönch war mit seinen Schülern zu Fuß unterwegs, als er bemerkte, dass sie untereinander stritten, wer von ihnen der Beste sei.

»Ich meditiere seit fünfzehn Jahren«, sagte einer.

»Ich war wohltätig, seit ich mein Elternhaus verlassen habe«, sagte ein anderer.

»Ich habe stets die Lehren Buddhas befolgt«, sagte ein dritter.

Mittags rasteten sie unter einem Apfelbaum. Der war so voller Früchte, dass die Äste sich fast zum Boden neigten.

Der Meister sagte:

»Wenn ein Baum mit Früchten beladen ist, beugen sich seine Äste zu Boden. Wahrhaft weise ist der Demütige.

Wenn ein Baum keine Früchte trägt, sind seine Äste überheblich und stolz. Und auch der Törichte glaubt immer, er sei besser als der andere.«

Paulo Coelho

Ich habe drei Schätze, die ich hüte und hege:
Der eine ist die Liebe,
der zweite ist die Genügsamkeit,
der dritte ist die Demut.
Nur der Liebende ist mutig,
nur der Genügsame ist großzügig,
nur der Demütige ist fähig zu herrschen.

Laotse

Meinen Füßen Anerkennung schenken

Dein Wort ist meinem Fuß eine Leuchte, ein Licht für
meinen Pfad.
Psalm 119,103

Habe ich heute schon meinen Füßen gedankt? Oft vergessen wir, dass sie uns den ganzen Tag getragen, festen Halt gegeben und gedient haben. Spätestens am Ende des Pilgertages brauchen meine Füße daher Zuwendung und Pflege, Anerkennung und Dank. Schon der Prophet Jeremia warnt: »Gib acht, dass du dir den Fuß nicht wund läufst« (Jeremia 2,25). Anerkennung und Pflege sind hilfreiche Voraussetzungen, damit ich keine wunden Füße oder Blasen bekomme. Für viele Pilger wird die tägliche Aufmerksamkeit für die Füße – reinigen, salben, massieren oder gar pflastern und verbinden – zu einem Dankesritual an ihre Füße.

In einigen Pilgerherbergen wird ein Teil des Rituals als abendliche gemeinsame Meditation angeboten. Mitarbeitende in der Pilgerherberge oder Pilgerinnen und Pilger untereinander waschen sich die Füße. Sie erinnern dabei an den Dienst Jesu an seinen Jüngern, von dem Johannes (13,1–15) in der Fußwaschung erzählt. Dort heißt es: Jesus stand auf, »legte sein Gewand ab und umgürtete sich mit einem Leinentuch«. Das Leinentuch war das Zeichen der Sklaven. Mit dieser zeichenhaften Handlung erinnert Jesus seine Jünger kurz vor seinem Tod an sein Leitbild »dienet einander« und »ich habe euch ein Beispiel gegeben«.

Meine Füße

Sie gehen täglich Wege
überwinden Hindernisse
steigen auf Anhöhen
bremsen abwärts

Sie spüren den Weg
eben oder steinig
rutschig oder asphaltiert
weich oder matschig

Sie stecken geschützt in Schuhen
gehalten und eingeengt
sie drücken
sie schwitzen

Sie leben ganz unten im Dunkel
tragen die ganze Last
sie ermüden und stolpern
sie schmerzen oder sind verwundet

Bis einer kommt
ihnen Aufmerksamkeit schenkt
sich von oben nach unten bückt
sie wäscht und pflegt

Wie damals
aus Liebe
in Demut
der Diener aller

Peter Müller

Den Tag gut beenden

In seinen Anweisungen zum spirituellen Leben regt Ignatius von Loyola an, den Tag mit *liebender Aufmerksamkeit* zu beenden.

Atme ruhig und entspanne dich. Blicke auf deine Begegnungen, Erlebnisse, Gespräche, Gedanken, Gefühle und Stimmungen von heute zurück. Lass sie wie einen Film vor deinem inneren Auge ablaufen. Stell dir vor, alles wird von einem hellen Licht beleuchtet. Das Licht ist ein Zeichen für Gott und seine Gegenwart. So beleuchtet, halte Ausschau nach Spuren Gottes an diesem Tag und bete zum Abschluss:

> *Gott, du Licht,*
> *nimm an, was ich an diesem Tag*
> *gedacht, gefühlt, geredet und getan habe*
>
> *dir übergebe ich*
> *meine so unterschiedlichen Begegnungen,*
> *meine unruhigen Gedanken und Gefühle*
>
> *dir zeige ich*
> *meine Schattenseiten und Schwächen,*
> *meine Fähigkeiten und Stärken*
> *dir vertraue ich,*
> *lass mich zur Ruhe kommen*
> *an Leib und Seele in dieser Nacht*

Peter Müller

Loslassen, suchen, verwandeln

Loslassen
ist die Voraussetzung
für ein erfülltes Leben.
Anselm Grün

Über alles Suchen hinaus

Wir sind Suchende,
solange wir über diese Erde wandern.

Vielleicht muss unser Suchen
sich wandeln lassen
in Stillsein und Schweigen,
in Loslassen und Vertrauen,
empfangsbereit
und offen werden,
hellhörig und weitsichtig,
achthaben
auf die leisen Winke,
die geheimen Zeichen am Weg,
ob einer uns sucht,
uns entgegenkommt
auf unserem Lebensweg.

Dann wird unser Suchen
womöglich zum Sich-finden-Lassen
über alles Fragen und
Suchen und Sinnen hinaus.

Benedikt Werner Traut

Wohin willst du gehen, was willst du loslassen?
(Markus 10,17–22)

Liebe Pilgerin, lieber Pilger,

während wir mit Jesus durch Galiläa pilgerten, begegneten uns viele Menschen. Die einen waren ständig mit uns unterwegs, andere trafen wir in ihren Häusern und die weit größte Anzahl kam zusammen, wenn Jesus in einer Synagoge, von einem Boot auf dem See oder von einem Berg aus predigte. Hier sprach er über ihre Not und Verlassenheit, ihre Sehnsucht nach Veränderung und nach Gott, hier erzählte er Gleichnisse, heilte oft Kranke und ermutigte die Menschen, sich zu verändern, Gott zu vertrauen und neu zu beginnen. Die Gruppe, die ihn ständig begleitete, war mittlerweile größer geworden. Fischer, Handwerker, ehemalige Zolleintreiber, Frauen, Anhänger der Zeloten (das waren die gewaltbereiten Gegner der Römer) und gesetzestreue Juden waren darunter. Die meisten kamen aus dem einfachen Volk, aber alle suchten nach einem gottgefälligen Leben. Doch was heißt das? Jeder hatte dazu eigene Vorstellungen, auch Jesus. Unterwegs bekam ich eine unerwartete Antwort.

Es war, als ein junger Mann zu uns stieß, der aufmerksam den Worten Jesu zuhörte und für einige Tage mit uns ging. Er war sehr interessiert, trotzdem aber still und zurückhaltend. Als ich einmal mit ihm sprach, spürte ich, dass er sehr unzufrieden war mit seinem Leben. An seiner Kleidung erkannte ich, dass er nicht gerade arm war. Eines Tages fasste er all seinen Mut zusammen und fragte Jesus: »Guter Meister, was muss ich tun, um das ewige Leben zu gewinnen?« Jesus antwortete: »Was nennst du mich gut? Niemand ist gut außer Gott. Du kennst seine Gebote: Du sollst ...« Der Mann unterbrach ihn und erwiderte: »Die habe ich alle seit meiner Jugend befolgt.« Jesus war einen Moment lang still und sah ihn an. Ich glaube, auch Jesus spürte seine Ernsthaftigkeit und sein inneres Ringen, und er sagte zu ihm: »Das ist sehr gut, doch eines fehlt dir noch. Geh, verkaufe, was du hast, gib das

Geld den Armen und du wirst einen bleibenden Schatz im Himmel haben; dann komm und folge mir nach!« Der Mann schwieg betroffen, denn er war, wie sich später herausstellte, sehr reich. Ich sah es in seinem Gesicht, er kämpfte um eine Entscheidung, doch dann ging er traurig weg und kam nie wieder.

Mit solch einer radikalen Antwort hatte der junge Mann nicht gerechnet – ich aber auch nicht! Mir machte sie Angst, obwohl ich selbst erst meinen Beruf und meine Familie wegen Jesus verlassen hatte. Der Mann aber war schockiert. Als gläubiger Jude spendete er reichlich für Arme, doch er suchte nach mehr als nur nach den Geboten zu leben. Ich spürte, der Mann stand – wie auch ich vor einiger Zeit – an einer wichtigen Wegkreuzung seines Lebens und musste sich fragen: »Gehe ich den alten, sicheren Weg oder einen anderen neuen Weg? Wenn ich einen neuen Weg einschlage, was muss ich dann tun und lassen?«

Ich denke, Jesus wollte diesen Mann herausfordern und ihm sagen: »Ich lade dich ein, frage nicht nach dem ewigen Leben. Du lebst jetzt. Komm mit, ich kann dich gebrauchen. Du lebst nach den Geboten, das ist gut so, doch jetzt geh einen weiteren Schritt, um deinem Leben mehr Sinn zu geben. Jedoch nicht mit deinem belastenden Reichtum von Besitz, Macht und Abhängigkeiten. Wirf diesen Ballast ab und lass los, dann kannst du dich auf einen neuen Weg mit mir einlassen. Du musst dich entscheiden.«

Ich erinnerte mich an meine Entscheidung damals am See. Welche Konsequenzen daraus erwachsen werden, war mir nicht so bewusst. Doch diese Herausforderung gilt auch heute noch für mich, ja für uns alle. Wir müssen immer wieder den eigenen Weg überprüfen und Dinge loslassen. Für den einen kann das der äußere Besitz sein, hinter dem er sich versteckt, für andere ihr Streben nach Macht, Anerkennung oder Sicherheit, für die nächsten die Angst vor dem Alleinsein, vor Abhängigkeiten, alten Vorstellungen von Gott oder erstarrten Gewohnheiten.

Die Forderung Jesu ist radikal. Wie geht es dir damit? Was könnte sie in deiner jetzigen Situation für dich bedeuten, die ja ganz anders ist als die meine damals? Gibt es für dich auch andere Wege, die Botschaft Jesu zu leben? Was hindert dich, neue Wege zu gehen? Was ist dir wichtig? Was möchtest du, was müsstest du loslassen?

Beim Pilgern hast du Zeit, darüber nachzudenken. Doch wer diese radikale Herausforderung Jesu nicht erfüllen kann oder will, ist nicht verdammt. Auch Jesus war über das Weggehen des Mannes traurig. Wir fragten ihn erschrocken: »Wer kann dann noch gerettet werden?« Und er antwortete: »Für Gott ist alles möglich.« Für mich heißt das: Es führen unterschiedliche Wege zum Reich Gottes. Ich muss mich prüfen und entscheiden. Welchen Weg ich dann gehe, das liegt in meiner Hand.

Ich wünsche dir einen »buen camino«!

Dein Begleiter Jakobus

Loslassen

Oft fühlen wir uns getrieben von der Angst, etwas zu verpassen, zu kurz zu kommen, keine Anerkennung zu erhalten, Einfluss zu verlieren etc. Angst ist jedoch ein schlechter Ratgeber. Sie belastet uns und führt uns in Abhängigkeiten. Sie verstellt den Blick auf die Realität und auf das, was uns wirklich wichtig ist. Jeder Pilger bringt in seinem »inneren Rucksack« persönliche Belastungen, Fragen, Probleme und Hoffnungen mit auf den Pilgerweg.

Welche inneren Lasten schleppst du mit dir herum? Welche möchtest du loslassen?

Pilgere für eine Stunde schweigend und spüre diesen Fragen nach. Welche Gedanken und Gefühle verbindest du damit?

Notiere in einer Pilgerpause oder am Abend deine »Lasten«, die du loslassen möchtest, jeweils einzeln auf einen Zettel. Halte die Zettel in den nächsten Tagen griffbereit und wähle während des Pilgerns täglich eine »Belastung« aus, erinnere dich an sie, bedanke dich für das, was sie dir neben allem Bedrückenden auch Gutes gebracht hat, verabschiede dich von ihr. Dann zerreiß den Zettel und entsorge ihn.

Der Stein der weisen Frau

Eine weise Frau wanderte in den Bergen und fand dort einen wertvollen Edelstein. Am nächsten Tag traf sie einen hungrigen Wanderer. Sie öffnete ihren Beutel, um mit ihm ihr Essen zu teilen. Der Wanderer erblickte den wunderbaren Edelstein, bewunderte ihn und bat die Frau, ihn ihm zu schenken. Ohne zu zögern tat sie das. Über sein Glück frohlockend ging der Wanderer weiter. Er wusste, der Edelstein war wertvoll genug, um ihm für den Rest seines Lebens Sicherheit und Wohlstand zu bieten.

Doch nach einigen Tagen kam er zurück und suchte nach der weisen Frau. Als er sie gefunden hatte, gab er ihr den Stein zurück und sagte: »Ich habe nachgedacht. Ich weiß, wie wertvoll dieser Stein ist, aber ich gebe ihn dir zurück in der Hoffnung, dass du mir noch etwas viel Kostbareres schenkst. Kannst du mir das geben, was dich befähigt hat, mir diesen Edelstein zu schenken?«

Quelle unbekannt

»Ich habe darüber nachgedacht«, so sagt der Mann. Auch das ist eine Form des »Betens«. Das heißt: Ich komme mit mir, meinen Wertvorstellungen und meinem Gewissen, aber auch mit Gott ins Gespräch. Solch ein Beten hilft mir, mich aus der Fixierung auf den »Edelstein« zu lösen, ihn loszulassen und zurückzubringen. Betende Gespräche ermutigen dazu, sich auf das Leben einzulassen und nach etwas viel Kostbarerem zu suchen: etwas, das mich trägt und mir Sinn gibt.

Auf die innere Stimme achten

Unterwegs
auf die innere Stimme achten

Ich halte inne und frage:
Wer bin ich?

Ich höre sie sagen:
du bist dein Aussehen
du bist deine Leistung
du bist dein Erfolg
du bist dein angepasstes Verhalten

Nein!
Ich bin müde
von diesem Maskentragen
von diesen Rollenspielen
von diesen Urteilen
von diesen Lügen

Ich bin nicht,
was sie über mich sagen:
ich frage weiter und suche
ich schweige und gehe
Ich höre meine innere Stimme:
lasse los und gehe
das Gute liegt in dir
Gott geht mit dir

Ich bin ich
ich finde meinen Weg
Peter Müller

Veränderung oder Verwandlung?

»Viele sind schon ausgezogen, die Verhältnisse zu verändern. Sie blieben ohne Erfolg, weil sie versäumten, sich selbst zu verwandeln.« Diese Weisheit spricht zurecht von »verändern« und »verwandeln«. Weit verbreitet ist die Meinung, dass, wer sich verändern will, einen starken Willen brauche, konsequent und hart gegen sich selbst sein müsse. Darum verbinden viele mit Veränderungen schmerzhafte Erfahrungen. Verwandlung dagegen ist ein sanfter Vorgang. Sie braucht Zeit, einen achtsamen Umgang mit sich selbst und die Bereitschaft, sich verwandeln zu lassen. Verwandlung ist ein Geschenk. Während des Pilgerns kannst du damit beginnen.

Kann sich ein Mensch verwandeln? Ja, sagt Jesus zu Nikodemus: Du musst neu anfangen, als ob du neu geboren wärest (vgl. Johannes 3,3).

Was tut mir während meines Pilgerns gut?
Was könnte ich tun, damit ich zu Hause ähnlich Gutes erlebe?

Das Gebet ändert Gott nicht, aber den Menschen.
Ändert sich der Mensch, verändert sich die Welt.
Roland Breitenbach

Den Tag gut beenden

Gott
es fällt mit heute nicht leicht
zu schweigen und still zu sein
ich habe heute viel über mich nachgedacht
Erinnerungen, Gedanken und Gefühle beschäftigen mich

Was kann oder was sollte ich tun
was will ich loslassen?

Wer bin ich und
wer will ich sein?

Am Ende des Tages möchte ich
zurückschauen und danken für alles
was ich bedacht
was ich gefühlt
was ich erlebt
und losgelassen habe

Jetzt will ich in die Stille eintauchen
die Seele ruhen lassen
mich der Nacht übergeben
getragen vom Vertrauen
von dir gesegnet zu sein
für einen neuen Morgen
Peter Müller

Spirituelle Energie –
gehen, schweigen, beten

*Dein Wort ist meinem Fuß
eine Leuchte,
ein Licht für meine Pfade.*
Psalm 119,105

Mir selbst begegnen

Pilgern heißt
mir selbst begegnen

Ich will ab und zu innehalten
mir nicht aus dem Weg gehen
Unangenehmes nicht wegschieben
mir selbst in die Augen schauen

Schweigend gehen
meinen Atem wahrnehmen
meinen Körper spüren
in die Stille hören

Gedanken und Gefühle
Hoffnungen und Ängste
Menschen und Grenzen
Stärken und Schwächen

Mich beglückend umarmen
um das Gute in mir zu stärken
mich sonnen in dem
was mich liebenswert macht

Mich festhalten
wenn Niedergeschlagenheit mich erfasst
mich annehmen und versöhnen
wenn ich einen Fehler gemacht habe

Pilgern heißt
im schweigenden Gehen und Beten
mir selbst und Gott begegnen
Peter Müller

»Kommt mit an einen einsamen Ort ...«
(Markus 1,35; 6,31)

Liebe Pilgerin, lieber Pilger,

unter uns Juden wurde gerne die Geschichte erzählt, wie ein Rabbi einen vorbeieilenden Mann fragte, warum er es so eilig habe. »Ich laufe meiner Lebendigkeit nach«, gab dieser zur Antwort. Darauf sagte der Rabbi: »Und woher weißt du, dass deine Lebendigkeit vor dir herläuft und dass du dich beeilen musst? Vielleicht ist sie in dir und du brauchst nur innezuhalten.«

Gehörst du auch zu denen, die pilgern, um für einige Zeit der Hektik ihres Alltags zu entfliehen, abzuschalten und zur Ruhe zu kommen? Dann bist du in bester Gesellschaft. Als wir damals mit Jesus in Galiläa unterwegs waren, gab es auch öfter stressige Zeiten, wie viele heute sagen. Unzählige Menschen suchten täglich die Nähe von Jesus, um ihm ihre Probleme zu erzählen und ihr Leid zu klagen. Viele waren arm, niedergeschlagen, hoffnungslos und krank. Wir hatten alle Hände voll zu tun, nicht nur den Zustrom der Leute zu regeln, sondern auch für Unterkunft und Verpflegung zu sorgen. An manchen Tagen waren wir, und unser Meister noch mehr, ausgelaugt und müde, vor allem dann, wenn er lange vor einer großen Menschenmenge sprach und viele ihre Kranken brachten, damit er mit ihnen redete und sie heilte.

Oft fragte ich mich an solchen Tagen: Woher nimmt Jesus die Energie, sich jedem Menschen, seinen Fragen, Sorgen oder seiner Krankheit so ruhig und einfühlsam zuzuwenden? Woher nimmt er die Kraft, auch unsere verkrusteten Vorstellungen zu ertragen, ja, sie zu erschüttern?

Eine erste Antwort fand ich, als ich bemerkte, dass Jesus morgens lange vor uns aufstand und sich zurückzog um zu beten. An einen einsamen Ort gehen, schweigen und beten – ich gestehe, damals in Galiläa, war mir das sehr fremd. Wir Juden beteten meist gemeinsam in der Synagoge oder im Tempel.

Eine zweite Antwort erhielt ich, als wir aus den Dörfern zurückkehrten, in die uns Jesus gesandt hatte, um dort seine Botschaft zu verkünden. Wir hatten viel erlebt, die einen waren begeistert, andere wiederum lehnten uns ab. Wir wollten ihm davon erzählen, doch um ihn herum standen viele Menschen, die ihn mit Fragen und Bitten bedrängten. Er sah uns kommen, zog sich von der Menge zurück, ging uns entgegen und sagte: »Kommt mit an einen einsamen Ort, wo wir alleine sind, und ruht ein wenig aus« (Markus 6,31).Was dann folgte, hat mir sehr gut getan: ausruhen, einander zuhören, eigene Erfahrungen erzählen und in der Stille neue Kraft tanken. Unser Meister hatte genau erkannt, was wir in diesem Augenblick brauchten, nämlich seine Zuwendung, seine Nähe und sein Ohr.

Später, als ich allein umherzog und den Menschen von Jesus und seinem Gott erzählte, dachte ich immer wieder an diese Erfahrung und sagte mir: Wenn viel zu tun ist, wenn Druck oder Hektik dich beherrschen wollen, dann unterbreche, halte inne, tue nichts. Geh in die Stille, schweige, bete und lass geschehen, was in dir passiert. Ich gestehe, es hat einige Zeit gedauert, bis sich diese Erkenntnis bei mir eingestellt hat. Davor musste ich in kleinen Schritten erleben, wie gut es mir tat, langsam zu gehen, innezuhalten, zu schweigen, meine störenden Gedanken loszulassen und in einfachen Worten zu beten. Daraus habe ich viel Energie geschöpft und dabei gespürt: Gott ist bei mir.

Lass dich von diesen Erfahrungen anregen. Denk daran: Vor Gott musst du nicht perfekt sein. Beginne mit kleinen Schritten. Gehe bewusst langsam, gehe schweigend, unterbreche dein Pilgern, halte inne, achte auf die Signale deines Körpers und deiner Seele. Bete, wie dein Herz es dir eingibt, und höre. Gott kennt dich, er nimmt dich, wie du bist. Er ist bei dir.

Ich wünsche dir Mut und Ausdauer zu schweigen und ein gutes Gelingen.

Dein Begleiter Jakobus

Geh- und Schweigemeditationen

Während Stille ein Zustand ist, den wir wahrnehmen und der uns guttut, bin ich beim Schweigen aktiv: Ich halte den Mund. Äußeres Schweigen ist für viele noch einfach. Schwerer ist das innere Schweigen, wenn meine Gedanken im Kopf herumschwirren, ich Probleme wälze, Pläne schmiede, Menschen begegne, alles bewerte oder verurteile … Pilgern bedeutet auch, das äußere und das innere Schweigen einzuüben.

Übung im Stehen

Ich stehe und richte meine Aufmerksamkeit auf meine Beine und Füße. Ich schüttele und lockere sie. Ich achte auf mein Ein- und Ausatmen. Mein Atem kommt und geht. Dann stelle ich mir vor, wie er beim Einatmen durch meinen ganzen Körper über die Füße in den Boden fließt. Ich spüre den Kontakt zum Boden. Ich stehe aufrecht auf festem Grund. Die Erde trägt mich. Ich fühle mich getragen und atme aus. Ich wiederhole diesen Atemfluss bis in die Erde fünf Mal und achte auf mein Gefühl des Getragenseins.

Gehen und meditieren

Ich gehe langsam und achte auf mein Aus- und Einatmen. Der Atem kommt und geht. Nun achte ich auf meine Bewegungen. Wie setze ich meine Füße auf, wie rolle ich sie ab? Gehe ich aufrecht, leicht gebeugt, locker …? Welchen Untergrund spüre ich – Wiese, steiniger Weg, Asphalt, weicher Waldweg, Schotter, Wagenspuren …? Ich finde mein Tempo, meinen Gehrhythmus und lasse mich schweigend darauf ein. Zum Abschluss danke ich meinen Füßen und Beinen, dass sie mich sicher dieses Stück Weg getragen haben.

Geh-Worte

Ich wähle mir täglich einen Psalmvers oder Weisheitsspruch als ein »Geh-Wort«. Denn in einem treffenden Wort steckt viel Lebensweisheit. Es lässt mich mein Leben aus neuer Perspektive sehen. Ich gehe schweigend mit diesem Spruch und nehme ihn in mein Gehen hinein, indem ich ihn immer wiederhole, ihn »wiederkaue«. Ich pilgere schweigend, achte dabei auf meine Gedanken und Gefühle und frage mich: Was will dieses Wort mir heute sagen?

Diese Verse eigenen sich besonders gut als »Geh-Worte«:

> *Du schaffst meinen Füßen weiten Raum, damit meine Knöchel nicht wanken.*
> Psalm 31,9

> *Du zeigst mir den Pfad des Lebens.*
> Psalm 16,11

> *Ruhe ist für die Seele der Anfang der Reinigung.*
> Basilius der Große

> *Der Herr ist mit mir. Ich fürchte mich nicht. Was können Menschen mir antun.*
> Psalm 118,6

> *Warte nicht, bis dir ein anderer den Weg zeigt, beginne bei dir selbst.*
> Roger Schutz

Gönne dir täglich eine Stunde schweigendes Gehen mit einem »Geh-Wort«. Manche nennen das »Beten mit den Füßen«. Du kannst am Ende dieser Stunde in einfachen Worten danken für deine Gedanken, Ideen und Gefühle.

Beten mit Leib und Seele

Gehen möchte ich, Herr,
und gesegnet sein von dir.

Schweigen möchte ich, Herr,
und deine Stimme hören.

Gehen möchte ich, Herr,
und mich wie eine Schale für dich öffnen.

Schauen möchte ich, Herr,
und dich in der Schöpfung erkennen.

Gehen möchte ich, Herr,
und dir in meinen Worten und Taten begegnen.

Tanzen möchte ich, Herr,
und dich mit Leib und Seele loben.

Gehen möchte ich, Herr,
und dir für alles, was ich erlebe, danken.
Peter Müller

Beten als Begegnung mit Gott

Auf dem Pilgerweg beten? Wie geht das? Anselm Grün hat Beten einmal als eine »Begegnung mit Gott« beschrieben (Münsterschwarzacher »ruf in die zeit« 2010, 4). Die vier Schritte seiner Gebetsanregung fasse ich, für Pilger bearbeitet, hier zusammen. Du kannst sie unterwegs erproben.

Erstens: Ich begegne mir selbst, während ich schweigend sitze oder gehe. Ich spüre in mich hinein und frage: Wer bin ich? Was trägt mich? Was beschäftigt oder bedrückt mich? Was ist mir gerade wichtig? Ich komme erst mit mir selbst in Berührung, um dann auch Gott spüren zu können.

Zweitens: Ich versuche, Gott zu begegnen. Ich höre in die Stille hinein und frage mich: Wer ist dieser Gott, zu dem ich bete? Dabei fallen mir positive und negative Bilder ein. Ich lasse sie alle los, denn Gott ist mehr als Bilder, er ist unbegreiflich.

Drittens: Ich spreche mit dem unbegreiflichen Gott. Ich sage, was mich bewegt, erfreut oder belastet. Ich stelle mir eine Schale vor, in die ich meine Gedanken und Gefühle lege. Sie sind meine Gebete, die ich Gott hinhalte. Ich darf in einfachen Worten mit ihm reden, wie ich es kann, und so sein, wie ich bin.

Viertens: Ich schweige vor Gott, sitze irgendwo oder gehe in meinem Rhythmus. Ich fühle mich von seiner Gegenwart getragen, er atmet mit mir, er wohnt in mir, durch ihn lebe ich, darf meine Talente entfalten, Neues entdecken und danken.

Beten heißt nicht, sich selbst reden hören,
beten heißt, still werden
und still sein und warten,
bis der Betende Gott hört.
Sören Kierkegaard

Den Tag gut beenden

Am Abend innehalten, abschalten, ruhig werden, den Tag vor
mir vorüberziehen lassen, Erlebnisse und wichtige Gedanken in
mein Tagebuch schreiben und mit folgendem Text abschließen:

Still werden

*Ich bin ganz still
ich höre Geräusche
es ist still
es genügt jedoch nicht
still zu sein*

*Ich lasse los
herumschweifende Gedanken
Sorgen und Ängste
Wertungen und Urteile
Ärger und Enttäuschung
Erwartungen und Hoffnungen
Freude und Trauer
es genügt jedoch nicht
loszulassen*

*Ich bin da,
Stille ist in mir
ich danke
für die Vielfalt dieses Tages
für meine Verfehlungen und Schwächen
für Gelungenes und Ermutigendes
und lasse mich fallen
in die Stille der Nacht*
Peter Müller

Tolerieren und versöhnen –
es öffnen sich neue Wege

Weil er uns achtete,
waren wir etwas wert.
Solange er lebte,
kannten wir weder
Neid, Angst, Unfrieden noch Hass.
Nun sollten wir ohne ihn so leben.
Grabinschrift

Wozu bin ich unterwegs?

»Viele fragten mich: Wozu gehst du nach Santiago de Compostela? Ich antwortete: Ich weiß es nicht, aber ich will täglich gehen und suchen, schauen und staunen, fragen und entdecken, mich öffnen und … Kommt, lasst uns heute wieder neu damit beginnen.«

Ein Pilger zu Beginn eines Pilgertages

Ich will heute

Ich will achten
auf meine Gesinnung,
denn ihr entspringen meine Gedanken.

Ich will achten
auf meine Worte und Urteile,
denn sie bestimmen mein Verhalten.

Ich will achten
auf mein Verhalten,
denn daraus entstehen oft Gewohnheiten.

Ich will achten
auf meine Gewohnheiten,
denn sie könnten erstarren und leer werden.

Ich will achten
auf mich und alles, was mir begegnet,
um meinen Weg und meine Antworten zu finden.

Peter Müller

Vorurteile und blinder Eifer verhindern Versöhnung

(Lukas 9,51–56)

Liebe Pilgerin, lieber Pilger,

Um- und Irrwege gehören zum Leben. Das musste ich schmerzhaft erleben, als Jesus nach einigen Ruhetagen beschloss, mit uns nach Jerusalem zu pilgern. Er wählte dazu den kürzesten Weg durch das Gebiet Samarien. Das überraschte und ärgerte mich, denn für uns Juden waren die Samaritaner Feinde, ja Ketzer, die den wahren jüdischen Glauben ablehnten. Obwohl wir gemeinsame religiöse Wurzeln haben, verachteten sie den Tempel in Jerusalem als Wohnstätte Gottes und verehrten Gott in ihrem Tempel auf dem Berg Garizim. Unsere Beziehungen waren von Hass und Ablehnung und zeitweise sogar von Kriegen bestimmt. Dass Religionen und ihre Glaubensrichtungen sich ablehnen und bekämpfen, das ist dir hinreichend bekannt aus der kriegerischen Geschichte zwischen Juden, Christen und Muslimen. Religiöse Konflikte und Terror siehst und erlebst du bis heute. Alle drei Religionen verehren Abraham als Urvater ihres Glaubens an den einen Gott und sind dennoch nicht bereit, ihre unterschiedlichen Wege zu dem einen Gott gegenseitig zu tolerieren.

Ich war damals auch so ein Eiferer und schnell aufbrausend. Wenn Jesus predigte, »Liebet eure Feinde! Segnet die, die euch verfluchen! Tut denen wohl, die euch hassen!« (vgl. Matthäus 5,43 f), dann konnte ich das nicht verstehen und dachte: Ein schöner Wunsch, doch die Realität sieht anders aus.

Jesus lebte, was er lehrte. Er ließ sich von der Feindschaft der Samariter nicht abhalten. Als wir durch Samarien pilgerten, schickte er meinen Bruder und mich in ein Dorf, um Quartiere für uns zu besorgen. Als die samaritanischen Dorfbewohner hörten, dass wir auf dem Weg nach Jerusalem sind, verweigerten sie uns ihre Gastfreundschaft. Sie lehnten Jesus ab. Ich fühlte mich in meinem Stolz als Bote unseres Rabbi gekränkt und in meinem Urteil über sie bestätigt. Verärgert kehrten wir zurück, informierten die anderen und ich rief voller Zorn: »Herr, sollen wir befehlen, dass Feuer vom Himmel fällt und sie vernichtet?« (vgl. Lukas 9,55 f.). Jesus schaute mich an und schwieg. Dann drehte er sich um und wir gingen zusammen in ein anderes Dorf. Seitdem werden Johannes und ich Donnersöhne, auf griechisch heißt das »Boanerges«, genannt – ein Name, auf den ich nicht stolz bin. Der schweigende Blick Jesu und sein Abwenden hatten genügt. Schnell spürte ich, dass mein Eifer, meine Vorurteile und Impulsivität mich wieder einmal so zornig gemacht haben, dass ich jeglichen Maßstab für die Situation verlor. Jesus zeigte mir allein durch seine Körpersprache, was für ihn wichtig war: Auch wenn andere uns ihre Gastfreundschaft verweigern, unsere Glaubensvorstellungen ablehnen oder in Vorurteilen gefangen sind, in meinem Denken und Handeln haben Intoleranz und frommer Übereifer, Rache und Machtansprüche, Vergeltung und Gewalt keinen Platz. Gott liebt alle Menschen, das will ich – und das solltest auch du – in den Begegnungen mit ihnen leben. Wir wollen sie nicht verurteilen, sondern das als Anlass nehmen, über unsere Vorurteile und oft falschen Gottesvorstellungen nachzudenken. Dann werden wir Gemeinsamkeiten und Unterschiede erkennen und lernen, die Menschen zu achten und wertzuschätzen und unser Handeln danach auszurichten.

Wie das geht, lebte uns Jesus vor in seinem Umgang mit uns, mit Zöllnern, Kranken, Frauen und auch mit Samaritern. Etwa als er einmal im Gespräch mit einer Samariterin am Brunnen saß oder einem Schriftgelehrten das Gleichnis vom barmherzigen Samariter erzählte. Gefangen in meinen Emotionen und erstarrten Vorstellungen, war ich taub gewesen für das, was er uns sagte und vorlebte. Ich schämte mich.

An diesem Tag begann für mich ein schmerzhafter Lernprozess. Ich musste lernen, meine Gefühle anzuschauen und damit umzugehen, meine Vorurteile und Feindbilder loszulassen, die Menschen, die anders denken und leben als ich, als Geschöpfe Gottes zu sehen und ihnen als solche zu begegnen. Gott war anders als ich ihn mir vorstellte, denn er verurteilt nicht, er will versöhnen. Ich brauchte lange, um das zu erkennen, anzunehmen und zu leben.

Ich wünsche dir, dass du achtsam und ehrlich mit deinen Emotionen und den Menschen, denen du begegnest, umgehen kannst.

Dein Begleiter Jakobus

Feindbilder und Vorurteile

Welche Feindbilder und Vorurteile habe ich?
Was trage ich dazu bei, dass bei anderen durch mein Reden und
Verhalten Vorurteile und Feindbilder entstehen?
Was will ich ändern?

Gott,
gewähre mir Scharfblick,
das Wesentliche wahrzunehmen.
Gib mir Kraft,
es zu erfassen und zu behalten.

Gib mir die Fähigkeit
und das Geschick hinzuzulernen,
die Genauigkeit des Urteils
und die Gnade,
die Sprache voll zu beherrschen.

Füge Du jeden neuen Beginn,
gib dem Fortschritt die Richtung
und vollende Du den Ausgang.

Thomas von Aquin

Übersetzt von Alfons Auer

Mit meinem Ärger umgehen

Wer »sich ärgert«, zeigt deutlich, dass *er selbst* es ist, der sich ärgert. Das heißt, ich kann wohl nicht verhindern, dass ein Mensch, ein Missgeschick oder eine Nachricht mich ärgert. Doch was auch immer der Anlass meines Ärgers oder Zorns ist, ich bin dafür verantwortlich, ob ich mich darüber ärgere oder nicht.

Wir sagen oft: »Mein Ärger macht mich richtig aggressiv.« Das weist darauf hin, dass im Ärger eine Kraft steckt, die uns helfen kann, aktiv mit ihm umzugehen, nicht zerstörerisch, sondern positiv und konstruktiv. Ärger als positive Energie lässt fragen:

- Was konkret regt mich auf?
- Was macht der Ärger gerade mit mir? In welche Stimmung führt er mich?

Ich achte auf meine Gefühle und Gedanken. Ich bin eingeladen, mit meinem Ärger zu reden:

- Warum kann ich den Anlass meines Ärgers nicht tolerieren oder die Situation einfach so annehmen wie sie ist?
- Erinnert mich mein Ärger an meine Schwächen? Was will er mir sagen? Welche positive Kraft steckt in ihm? Wie kann ich diese nutzen?
- Was hindert mich daran, meinen Ärger offen auszusprechen, zu klären oder umzuwandeln, ihn mit ins »Gebet zu nehmen«?

»Ärger ist eine Quelle der Selbsterkenntnis« (Anselm Grün). Finde deine Wege, die positive Energie des Ärgers zu erkennen und zu nutzen.

Meinen Ärger ins Gebet nehmen

Ach Gott,
ich wollte es nicht wahrhaben,
aber es ist wahr.
In mir ist viel Zorn, ja Wut.
Sie nagt an meinem Wohlbefinden
und meiner Gesundheit.

Und dennoch, Gott,
ich danke dir für die Kraft meines Zorns.
Es ist eine Kraft zum Leben.
Ohne Aggression wäre ich verloren.

Aber, Gott,
ich muss es ehrlich eingestehen,
Wut macht mich manchmal ungerecht
und schwer erträglich für meine Mitmenschen.

Ich bin noch nicht reif
im Umgang mit meiner Aggression,
ich brauche deine Hilfe,
Urquell des Lebens,
um gut damit umzugehen.

Hilf mir, meine Wut nicht blind auszuagieren,
zu meinem Schaden und dem anderer.

Hilf mir sie umzuwandeln
und sinnvoll damit umzugehen.

Gib mir Reife und Konfliktfähigkeit.
Detlef Wendler

Kopie oder Original?

Albert Einstein wird die Aussage zugeschrieben: »Es ist einfacher, ein Atom zu spalten, als ein Vorurteil zu zerstören.« Anthony de Mello meint dazu: »Viele Menschen sind nicht sie selbst, sondern werden irgendwie kontrolliert. Was folgt daraus? Sie werden gleichsam zur Marionette – verhalten sich, fühlen und handeln mechanisch ... Sie reagieren auf Stimmen aus der Vergangenheit, auf Erfahrungen, die sie gemacht haben ... von denen sie beeinflusst wurden, die sie kontrollieren. ... Darum sind sie auch nicht frei, nicht lebendig« (de Mello, Die Fesseln lösen, 43).

Die biblische Erzählung von der Erschaffung des Menschen dagegen ruft dir, mir und allen zu: Du bist einmalig, du wurdest als Original geschaffen. Gleichzeitig wird der Mensch als Abbild Gottes bezeichnet, ihm ähnlich, nicht gleich. Geboren als Original, hat jeder eine Vielfalt von Anlagen erhalten, um sie, begleitet und unterstützt durch Mitmenschen (Eltern, Freunde, Lehrer, Partner, Kollegen ...) in Freiheit zu entfalten. Die Einladung heißt daher: Lebe als Original und nicht als Kopie anderer. Das ist nicht leicht, denn ständig sind wir in Gefahr, uns lieber unterzuordnen, anzupassen, zu denken, zu tun und zu leben wie andere. Aber es nie zu spät, das zu ändern. Lebe als Original!

Was gefällt mir an mir? Was kann ich?
In welchen Situationen passe ich mich eher an oder werde zum Mitläufer?
Was tue ich heute, um Originalität zu leben?

Den Tag gut beenden

Nimm dir Zeit für dich, atme einige Male tief durch, entspanne und frage dich:
Welchen Vorurteilen bin ich heute begegnet? Bei mir oder anderen?
In welchen Situationen habe ich heute meine Einmaligkeit, meine Originalität erlebt?
Was will ich in Zukunft mehr beachten?

Gott
ich danke dir
dass ich
so wunderbar gemacht bin

ich bin einmalig
mit Leib, Geist und Seele
du hast mich geschaffen
du kennst mich

meine Stärken und Schwächen
meine Möglichkeiten und Bemühungen
meine Vorurteile und Grenzen
meine Sehnsüchte und Ängste

das zu wissen
gibt mir die Kraft
immer neu bewusst und achtsam
als Original zu leben
Peter Müller

Gipfelerfahrungen
im Alltag leben

Was das Leben uns bringt,
hängt davon ab,
was wir in unser Leben bringen.
Roland Breitenbach

Achte auf diesen Tag

Achte gut auf diesen Tag,
denn er ist das Leben,
das Leben allen Lebens.

In seinem kurzen Ablauf
liegt alle Wirklichkeit und
Wahrheit des Daseins,
die Wonne des Wachsens,
die Größe der Tat,
die Herrlichkeit der Kraft.

Denn das Gestern ist
nichts als ein Traum
und das Morgen erst eine Vision.
Das Heute jedoch – recht gelebt –
macht jedes Gestern zu einem
Traum voller Glück
und jedes Morgen zu
einer Vision voller Hoffnung.

Darum achte gut auf diesen Tag.
Maulana Dschelaladdin Rumi

Sternstunden

(Lukas 9,28–36)

Liebe Pilgerin, lieber Pilger,

kannst du dich an eine bewegende Begegnung, eine »Sternstunde« deines Lebens erinnern, in der du total glücklich warst? Von
so einer »Sternstunde« meines Lebens will ich dir heute erzählen.
Doch es fällt mir schwer, die richtigen Worte zu finden, denn es
gibt Dinge, die unser Verstand kaum begreifen und noch weniger
in Worten ausdrücken kann.

Wie kam es dazu? Nun, eines Tages nahm Jesus meinen Bruder Johannes, Petrus und mich mit auf einen hohen Berg. Jesus
wollte nach einigen anstrengenden Tagen zur Ruhe kommen und
abschalten. Langsam und schweigend stiegen wir auf. Mit jedem
Schritt öffnete sich unseren Blicken mehr die Schönheit und Weite der Ebene unter uns. Angekommen auf dem Gipfel fühlte ich
mich wie zwischen Himmel und Erde. Wir setzten uns, um aus-
zuruhen. Jesus hielt sich etwas abseits, um zu beten. Kurz darauf
veränderte sich alles. Die Landschaft wurde in ein faszinierendes
Licht getaucht, der Himmel leuchtete und ich sah, wie helles Licht
Jesus umgab. Sein Aussehen veränderte sich und sein Gewand
wurde leuchtend weiß. Ich sah den Menschen Jesus, unseren
Rabbi, den ich verehrte, und spürte in diesem Augenblick in ihm
die Nähe Gottes, die auch mich erfasste.

Plötzlich standen zwei Männer bei Jesus – Mose und Elias –
und redeten mit ihm. Beide sind für mich ein Zeichen jüdischer
Freiheit. Moses führte unser Volk aus der Sklaverei Ägyptens ins
gelobte Land. Der Prophet Elias zeigte unseren Vorfahren die
Machtlosigkeit der Götzen und befreite sie von deren leeren Ver-
sprechungen. Als ich Jesus sah, seine Nähe zu Gott spürte und
diese »Lichtgestalten« unserer jüdischen Tradition erkannte,
durchströmten mich Geborgenheit und Glück. Ich dachte: So
sollte es immer sein, dieses Glück will ich festhalten. Petrus, der
wie immer schnell das Wort ergriff, ging es anscheinend ebenso,

denn er rief: »Meister, es ist gut, dass wir hier sind. Wir wollen drei Hütten bauen, eine für dich, eine für Mose und eine für Elias.« Doch dann umhüllte uns eine dunkle Wolke, ich bekam Angst und hörte eine Stimme sagten: »Auf ihn sollt ihr hören.« Dann waren wir mit Jesus allein. Schweigend, innerlich bewegt und in Gedanken versunken, stiegen wir ins Tal.

Auch wenn der Alltag uns rasch wieder eingeholt hatte, beschäftigte mich dieses Erlebnis noch lange. Immer wieder fragte ich mich: Habe ich das alles geträumt oder fantasiert? Je länger ich darüber nachgedacht habe, umso klarer erkannte ich, dass hinter dem, was wir normalerweise als Realität bezeichnen, eine »göttliche Welt« existiert – heute würden es viele eine »spirituelle Welt« nennen. Sie ist real, auch wenn wir sie mit unserem Verstand nicht erklären können. Ich frage mich seitdem: Bin ich für sie offen und bereit? Auf dem Berg durfte ich einen kleinen Ausschnitt davon wahrnehmen. Gott hat sich mir im Gesicht Jesu gezeigt. Vielleicht nennst du das heute eine spirituelle Erfahrung.

Ich habe mich auch gefragt: Was will diese Erfahrung mir sagen? Ich weiß, Gipfelerlebnisse kann keiner festhalten. Wenn ich sie festhalten will, verliere ich den Kontakt zum Alltag. Bei Jesus hatte ich gelernt: Ich muss solche Erfahrungen als Geschenk annehmen und in mir bewahren können. Was ich oben auf dem Berg erlebte, kann ich unten, im Tal des Alltags – auch in Tälern der Tränen –, täglich neu leben.

Oft begegnen uns die wirklichen »Sternstunden« gerade im Alltag. Vor allem auf Pilgerwegen kannst du immer wieder solche unglaublichen Geschichten hören oder erleben. Viele sagen, das sei Zufall. Frage dich in solchen Situationen: Wozu fällt mir gerade jetzt dieses Erlebnis, diese Begegnung oder diese Frage zu? Was will es, was will sie mir sagen? Lass dich von solchen »Zeichen« in deiner Seele berühren und schöpfe daraus Kraft.

Ich wünsche dir, dass du achtsam für die »Sternstunden« auf deinem Pilgerweg unterwegs sein kannst.

Dein Begleiter Jakobus

Das Vaterunser eines Pilgers

Vater unser
Mutter unser
dein Geist erfülle mich
auf meinem Pilgerweg

Dein Wille geschehe
in glücklichen, schwierigen und leidvollen Zeiten
gib mir täglich die notwendige Energie
sie zu bestehen

Vergib mir
meine Herzlosigkeit und Verfehlungen
wie auch ich denen vergebe,
die herzlos mir gegenüber sind

Und führe mich nicht
in Angst und Verzweiflung
sondern zeige mir Wege
der Hoffnung und Liebe

Denn du bist
meine Sehnsucht
mein Weg
mein Ziel

Auf dem Pilgerweg hier
und im Alltag des Lebens.
Peter Müller

Zur Sternstunde für andere werden

Ein Gipfelerlebnis, eine außergewöhnliche Begegnung oder ein Erfolg sind Sternstunden, die mich bewegen. Sie sind vergänglich, aber sie hinterlassen Spuren: Spuren der Dankbarkeit, Motivation, Energie und Gotteserfahrung. Diese Spuren bleiben lebendig, wenn ich meine Glückserfahrung und Energie für mich selbst und andere einbringe, mich anderen im »Tal der Tränen« zuwende und ihnen »Sternstunden« der Begegnung, des Zuhörens, der Ermutigung, des Trostes schenke. Ich werde dadurch auch selbst beschenkt.

In der Bibel werden viele solcher Sternstunden-Geschichten erzählt.

- Wo ein Mensch sich einem anderen über alle religiösen und sozialen Grenzen hinweg zuwendet wie der barmherzige Samariter, da ist Gott (Lukas 10,25–37).
- Wo Menschen, denen Orientierung fehlt, die sich allein, blind, niedergeschlagen oder krank fühlen, in einer Begegnung die Ohren oder Augen geöffnet werden, da erfahren sie Gott (Markus 7,31–37; 8,22–26).
- Wo ein Vater seinem Kind vergibt und ihm ermöglicht, das Leben neu zu ordnen, wird spürbar: Gott vergibt. Er ermutigt, neu zu beginnen und zu leben (Lukas 15,11–32).

Jetzt ist die Zeit ...

»Jetzt ist die Zeit, jetzt ist die Stunde«, so beginnt ein immer noch aktuelles Lied, in dem eine wichtige Botschaft des christlichen Glaubens besungen wird. Ich habe einige Strophen ausgewählt. Es lohnt sich, sie und mein Handeln beim schweigenden Pilgern zu meditieren.

Jetzt ist die Zeit, jetzt ist die Stunde.
Heute wird getan oder auch vertan,
worauf es ankommt, wenn er kommt.

Der Herr wird nicht fragen:
Was hast du gespart, was hast du alles besessen?
Seine Frage wird lauten: Was hast du geschenkt,
wen hast du geschätzt um meinetwillen?

Der Herr wird nicht fragen:
Was hast du beherrscht, was hast du dir unterworfen?
Seine Frage wird lauten: Wem hast du gedient,
wen hast du umarmt um meinetwillen?

Der Herr wird nicht fragen:
Was hast du gespeist, was hast du Gutes getrunken?
Seine Frage wird lauten: Was hast du geteilt,
wen hast du genährt um meinetwillen?

Der Herr wird nicht fragen:
Was hast du gesagt, was hast du alles versprochen?
Seine Frage wird lauten: Was hast du getan,
wen hast du geliebt um meinetwillen?

Jetzt ist die Zeit, jetzt ist die Stunde.
Alois Albrecht

Spiritualität – geh deinen Weg!

Spiritualität beschreibt eine Geisteshaltung (Karl Rahner), ein Leben aus dem Geiste Gottes. In dieser Geisteshaltung sollen Christen unterwegs sein. Jörg Zink meint dazu: »Das Kennzeichen des Christenglaubens ist nicht, dass er ein Glaube, sondern ein Weg ist. Du kannst ihn nicht lernen und auswendig hersagen, du musst ihn gehen. Du selbst« (Zink, Die goldene Schnur, 19).

Pilgern fordert uns dazu heraus, den Christenglauben im Gehen auf Pilgerwegen zu begegnen und ihn mit Leib und Seele zu erfahren. Dazu eine Anregung entlang der Emmauserzählung (Lukas 24,13–35).

Gehe glauben

Gott wird dir unterwegs begegnen
ob du einfach abschalten willst
ob du voll Sehnsucht darauf hoffst
ob du ängstlich flüchtest
ob du dich versteckst

Er wird dir begegnen
als Fremder
solange du blind bist
als Wegbegleiter
der mit dir geht
als Wegweiser
an dem du dich orientieren kannst
als Wegkreuzung
an der du dich entscheiden musst
als Wort
das dich ermutigt neue Wege zu gehen
als Freund
den du einladen kannst zu bleiben
als dich bewegende tiefe Erfahrung
an der du dein Leben ausrichten kannst
Peter Müller

Den Tag gut beenden

Gott,
es ist Abend
der Tag hat sich geneigt.

Ich schaue zurück
auf die weichen und steinigen Wege
auf die Begegnungen
auf die Überraschungen
auf meine Gedanken und Gefühle

Ich erinnere mich
an oberflächliche und tiefe Gespräche
an blühende Blumen
an Blicke in die Weite der Landschaft
an Zeiten schweigenden Gehens

Ich danke
für Gelungenes und weniger Gutes
für alles Leichte und Anstrengende
für meine müden Füße
für deinen Segen

Ich übergebe dir
meinen Tag und
bitte um eine ruhige Nacht
Peter Müller

Aus zerstörter Hoffnung
wächst neues Leben

Die zentrale Botschaft des Christentums heißt:
Es gibt keinen Tod,
in dem nicht schon
der Anfang neuen Lebens ist.
Es gibt kein Kreuz,
dem nicht die Auferstehung folgt.
Anselm Grün

Zusagen Gottes

In die Lichtblicke deiner Hoffnung
und die Schatten deiner Angst,
in das Geschenk deines Vertrauens
und in die Zwänge deines Alltags
lege ich meine Zusage: Ich bin da.

In das Dunkel deiner Vergangenheit
und in das Ungewisse deiner Zukunft,
in den Segen deines Wohlwollens
und in den Schmerz deiner Ohnmacht
stelle ich meine Zusage: Ich bin da.

In die Schätze deines Staunens
und in die Narben deiner Enttäuschung,
in die Quellen deiner Zuversicht
und in die Dürre deiner Zweifel
gebe ich dir meine Zusage: Ich bin da.

In die Fülle deiner Aufgaben
und in die Leere deiner Unruhe,
in die Vielzahl deiner Begabungen
und in die Grenzen deines Vermögens
verspreche ich dir meine Zusage: Ich bin da.

In die Zeiten deiner Klagen
und in die Stunden deiner Trauer,
in die Wunden deines Trostes
und in die Zeichen deines Mutes
bekräftige ich meine Zusage: Ich bin da.

Paul Weismantel

Neuer Mut
(Markus 11,1–11,15–19;14,17–52; Johannes 21,1–14)

Liebe Pilgerin, lieber Pilger,

heute erzähle ich dir von meinen letzten Tagen und Begegnungen mit Jesus. Ich erlebte sie als ein großes Wechselbad der Gefühle.

Wie jedes Jahr pilgerten wir nach Jerusalem zum Paschafest. Was hatte ich mir nicht alles erhofft, als unser Rabbi umjubelt von unzähligen Menschen auf einem Esel in Jerusalem einzog. Ich träumte mit vielen anderen, dass die Römer endlich verjagt werden und Jesus als unser König mit Gott das himmlische Reich der Gerechtigkeit errichten wird. Jesus hatte das zwar nie so gesagt, im Gegenteil: Er warnte uns vor solchen Gedanken. Aber ich war taub für seine Warnungen. Umso schockierender war das, was dann wirklich geschah.

Gleich am ersten Tag in Jerusalem verkündete Jesus mit klaren Worten seine gute Nachricht öffentlich im Tempel. Gott sei ein Gott für alle Menschen, der sich der Not der Armen zuwendet, der die Freiheit des Menschen will und der die Liebe zum Nächsten und sich selbst fordert. Zunächst aber vertrieb er zornig die Händler und Geldwechsler aus dem Tempel. Am nächsten Tag warf er den Schriftgelehrten vor: »Eure Worte sind richtig, doch ihr lebt nicht danach. Ihr bürdet den Menschen Lasten auf, doch selbst tragt ihr nichts. Wehe euch, ihr Heuchler« (vgl. Matthäus 23,1–33). Das provozierte die Obrigkeit des Tempels mächtig.

Kurz vor dem Fest feierten wir gemeinsam ein Mahl. Er brachte in Worten und Gesten zum Ausdruck, dass das Waschen der Füße, das Brechen des Brotes und das Trinken des Weines Zeichen für seine tiefe Verbundenheit mit uns sind. Wir sollten dieses Mahl immer wieder in Erinnerung an ihn feiern und für die Menschen da sein, so wie er es uns vorgelebt hat. Da spürte ich erstmals so etwas wie Abschiedsschmerz, Trauer und Angst, doch ich verdrängte diese Gefühle. Danach gingen wir auf den Ölberg.

Hier nahm Jesus den Petrus, mich und Johannes mit in einen Garten. Er war sehr in sich gekehrt und sagte:»Meine Seele ist zu Tode betrübt. Bleibt hier und wacht!« Dann ging er ein Stück weiter um zu beten. Schon nach kurzer Zeit schliefen wir Jünger ein. Warum? Vor Müdigkeit oder Sorglosigkeit? Ich weiß es nicht. Später machte ich mir deswegen Vorwürfe. Ich hatte ihn in seiner schwierigsten Lebenssituation allein gelassen. Er muss Todesängste gelitten haben, denn er kam zurück, sah uns schlafen, weckte uns und fragte:»Könnt ihr nicht eine Stunde wach bleiben und beten?« Dieses Trauerspiel wiederholte sich drei Mal. Beim letzten Mal standen die bewaffneten Tempeldiener am Garteneingang. Sie nahmen ihn gefangen. Jesus verhinderte noch, dass sie auch uns abführten. Dann überschwemmte mich meine Angst und ich flüchtete mit den anderen.

Am nächsten Tag hörten wir, dass Jesus verurteilt und gekreuzigt wurde. Er starb wie ein Verbrecher! Da brach für mich eine Welt zusammen. Alles, worauf ich in den letzten drei Jahren meine Hoffnung und mein Leben gegründet hatte, war zerstört. Enttäuschung, Zorn, Resignation, Trauer und Leere breiteten sich in mir aus. Ich hatte Angst um mein Leben und floh nach Galiläa. Dort fühlte ich mich sicherer, doch ich war wie gelähmt. Auf meine Frage nach dem Warum fand ich keine Antwort. Ich hatte versagt und war wieder dort angekommen, wo ich begonnen hatte.

Nach einigen Tagen begann ich, mit Petrus und anderen wieder zu fischen. Als wir nach einer erfolglosen Nacht niedergeschlagen auf das Ufer zufuhren, sahen wir im dichten Nebel des anbrechenden Morgens eine Gestalt stehen. Da sagte Johannes zu Petrus:»Es ist der Herr!« Als Petrus das hörte, sprang er ins Wasser und schwamm auf ihn zu. Wir anderen zogen die Netze an Land, wo schon ein Feuer brannte. Jesus sagte:»Kommt her und esst!« Schweigend teilte er mit uns die Fische. Da wusste ich: Jesus lebt! Ich kann dir mein inneres Glück, diese unbegreifliche Erfahrung, nicht mit Worten erklären. Enttäuschung, Zorn und Trauer waren verschwunden. Ich war mir sicher: Jesu Botschaft von Gott ist wahr. Es lohnt sich, sie allen zu erzählen und danach zu leben.

Ich wünsche dir Mut, meinen Erfahrungen zu trauen und dein Leben danach auszurichten.

Dein Begleiter Jakobus

Licht in der dunklen Nacht der Seele

Wir alle kennen Zeiten, in denen wir uns leer und antriebslos fühlen. Die Hoffnung schwindet und die Zukunft begegnet uns als dunkle Nacht. Angst breitet sich aus, wir wissen nicht weiter, alles erscheint sinnlos. Solchen Gefühlen und Gedanken begegnen wir beim Pilgern selten, doch sie gehören zu uns, wie die Freude am Leben. Daher ist es hilfreich, sich auch an solche Zeiten zu erinnern, sich damit auseinanderzusetzen und daraus Kraft zu tanken.

Auch die Nacht hat ihre Wunder

Nicht nur
der lichte Tag,
auch die Nacht
hat ihre Wunder.
Es gibt Blumen,
die nur
in der Wildnis gedeihen,
Sterne,
die nur am Horizont
der Wüste erscheinen.
Es gibt Erfahrungen
der göttlichen Liebe,
die uns nur
in der äußersten Verlassenheit,
ja am Rande
der Verzweiflung
geschenkt werden.
Gertrud von le Fort

Kreuze an Pilgerwegen

Pilgerinnen und Pilger sind angewiesen auf Wegweiser, Pfeile und Hinweistafeln. Genauso brauchen wir Wegzeichen zur inneren Orientierung. Eines der Wegzeichen ist auf allen Pilgerwegen das Kreuz. Es ist einerseits ein so vertrautes Zeichen, dass wir es oft übersehen, andererseits ein Symbol, dessen Deutung uns provoziert. Ein altes vorchristliches Zeichen, das »Kürzel des Christentums«, das als sein Glaubens-, Leidens- und Siegeszeichen im Laufe der Geschichte vielfältig gedeutet wurde. Vom Wegrand aus ruft es mir zu: »Der Gekreuzigte lebt!«

Wenn ich auf meinem Pilgerweg einem Kreuz begegne, kann ich mich fragen: Was hat ein Kreuz mit meinem Leben zu tun?

Offen und verbindend

Ein Wegkreuz findet Halt in der Erde, ist ausgerichtet auf den Himmel (vertikal) und offen nach allen Seiten (horizontal), Längs- und Querbalken treffen sich im Zentrum. Das Kreuz wird so zu einem Symbol der Vereinigung von Himmel und Erde, zum Zeichen der Offenheit für die Welt und der Verbundenheit mit der Mitte des Kreuzes. Das christliche Kreuz stellt in der Mitte meist Christus dar, der alles, Horizontale und Vertikale, zusammenführt und zusammenhält. Das Kreuz ist nach christlichem Verständnis das Heilszeichen für die Welt.

Wenn ich die Arme ausbreite und aufrecht stehe, bilde ich mit meinem Körper die Gestalt eines Kreuzes. Das »Kreuz meines Leibes« hält meine Glieder in der Mitte zusammen. Mein Herz ist die Mitte des Lebens, von dem aus meine Glieder versorgt werden. Der Benediktiner Meinrad Dufner schreibt dazu: »Verwurzelt im Boden gilt es, die Erde zu bestehen. Zum Himmel gereckt, heißt es, mich der oberen, geistigen Welt verwiesen zu wissen. Ausgebreitet in der Horizontale beschreibt das Kreuz jene Gebärde, die das Leben braucht, wenn es gelingen will: mich austeilen

und empfangen« (Dufner, Kirchen verstehen, 41). Im Kreuz ver-
dichtet sich die tiefe Wahrheit: Ich bin Teil der Erde und für sie
verantwortlich, ich strebe zum Himmel und bin mit allen Lebe-
wesen ein Leben lang verbunden. Das kann mich ermutigen und
stärken, aber auch aufreiben und zerreißen.

Wo erlebe ich in meinem Alltag Trennendes?
Was trage ich dazu bei, es zu überwinden?

Durchkreuzen

Pilger treffen täglich auf Kreuzungen. Wege aus verschiedenen
Richtungen bilden eine Mitte und durchkreuzen sich. Das geschieht nicht nur auf Pilgerwegen, sondern auch im Leben: Jeder
kennt Wünsche, Pläne und Wege in seinem Leben, die durchkreuzt wurden, oder kennt andere, die schwer »an ihrem Kreuz
tragen«. Diese Kreuze tragen konkrete Namen: Alleinsein, Schei-
dung, Arbeitslosigkeit, Leistungsdruck, Altersarmut, Sinnlosig-
keit, Krankheit, Verlust eines lieben Menschen usw. Jesus von
Nazareth ist während seiner Pilgerzeit vor allem auf Menschen
zugegangen, die durch solche Kreuze gezeichnet waren. Damit
hat er die Vorstellungen der Reichen, der Herrschenden und
Schriftgelehrten, ihre Gottesbilder und ihre religiösen Vorschriften durchkreuzt. Seine Worte und Taten, sein Kreuz, sind so ein
Zeichen der Solidarität, Hoffnung und Ermutigung.

Welche meiner Wünsche oder Ziele wurden durchkreuzt?
Trauere ich ihnen noch nach?
Welches »Kreuz« trage ich zurzeit?
Was gibt mir Kraft? Was sollte ich ändern?

Entscheiden

Wenn Wege sich kreuzen, muss ich mich entscheiden, welchen ich gehe. Das gilt auch im Alltag. Wie an einer Wegkreuzung bin ich unsicher, in innerer Spannung und kann die Tragweite meiner Entscheidung oft mehr erahnen als klar erkennen. Ich kann nicht beide Wege einschlagen, sondern muss mich entscheiden. Vielleicht steht deshalb an einer Wegkreuzung oft ein Kreuz. Es ist ein Symbol der Hoffnung und Ermutigung, das einlädt innezuhalten, sich in der eigenen Mitte zu sammeln, zu entscheiden und zu gehen.

Vor welcher persönlichen Wegkreuzung stehe ich?
Was muss ich tun, um mich für den richtigen Weg entscheiden zu können?

Sammle dir jeden Tag etwas Ewiges,
das dir kein Tod rauben kann,
das den Tod und das Leben
liebenswerter macht.
Aus der mystischen Tradition

Den Tag gut beenden

Am Ende des Tages erinnere ich mich an
Begegnungen und Gespräche,
Zeiten des Schweigens, des Gehens ...
die Natur, meine Füße ...

Ich erinnere mich an das,
was mich bewegte, störte, ärgerte,
mich nachdenklich oder traurig macht,
was in mir nachklingt,
mich freut und ermutigt.

Ich erinnere mich an das,
was ich verpasst, vertan oder
nicht genutzt habe.

Ich halte es Gott hin
und auf dem dunklen Boden meiner Schwächen
wächst neue Zuversicht.

Und morgen?
Es ist nie zu spät, neu zu beginnen.
Gestärkt durch die Nacht
liegt vor mir ein weites Feld neuer Möglichkeiten
mit Hoffnungen und Herausforderungen.

Gott, du liebst das Leben.
Segne und begleite mich
in der Nacht und am kommenden Tag.
Peter Müller

Erfahrungen erzählen, Hoffnung leben, Zeugnis geben

Lebe das,
was du vom Evangelium verstanden hast.
Und wenn es noch so wenig ist.
Aber lebe es!
Roger Schutz

Zeugnis in Worten und Taten

Ein offenes Ohr, das
Zeit hat
zuhört
Zwischentöne spürt

Ein offenes Wort, das
tröstet
ermutig
froh macht

Ein einladendes Zeichen
zu kommen
mitzugehen
zu bleiben

Ein engagiertes Handeln, das
den Mensch achtet
die Not lindert
den Sinn im Leben erkennen lässt

Ein treffendes Wort
ein verwurzelter Glaube
eine gelebte Hoffnung
eine zuwendende Liebe

Ein ermutigendes Miteinander
das Himmel und Erde verbindet
Peter Müller

Erfahrungen erzählen, Hoffnung leben, Zeugnis geben

(Lukas 24,1–53; Apostelgeschichte 12,2)

Liebe Pilgerin, lieber Pilger,

im letzten Brief habe ich dir von meiner Erfahrung erzählt, dass Jesus lebt. Die unglaubliche Begegnung am See befreite mich aus meinem Gefühlschaos und meinen Erstarrungen. Doch ich fragte mich auch: Wie kann das sein? Er war tot und jetzt lebt er wieder? Widerspricht das nicht allen menschlichen Erfahrungen? Ich kann dir dazu auch heute keine andere Antwort geben als damals: Mir ist der lebendige Jesus, der Christus, aus einer anderen Wirklichkeit begegnet. Ich habe ihn gespürt, gehört und erlebt. Ich war und bin überzeugt, dass der gekreuzigte, gestorbene und begrabene Jesus lebt. Gott hat ihn zu neuem Leben erweckt und damit bestätigt, dass Jesu Leben, seine Worte und Taten der Welt zeigen sollten, wie Gott wirklich ist und dass er alle Menschen ohne Unterschiede liebt. Jesus zeigt uns den Weg zu Gott.

Viele von uns machten völlig unabhängig voneinander ähnliche Erfahrungen. Zuerst Maria Magdalena, die Jesus erst erkannte, als er sie ansprach. Dann die zwei Jünger, die er auf ihrer Flucht aus Jerusalem unerkannt begleitete. Erst als Jesus das Brot mit ihnen teilte, gingen ihnen die Augen auf. Manche zweifelten daran, dass er lebt. Als wir wieder in Jerusalem zusammensaßen und einander erzählten, was sich bei seinem Tod zugetragen hatte, stand Jesus plötzlich in unseren Mitte und grüßte: »Friede sei mit euch.« Plötzlich sah ich seine Worte, Gleichnisse und Taten in einem völlig neuen Licht und erkannte, was er mir damit sagen wollte. Anderen ging es ähnlich.

Wem das Herz voll ist, der muss davon erzählen. So begannen wir, nach seinem Auftrag zu leben, der da hieß: Redet überall von dem, was ihr erfahren, und lebt das, was ihr erkannt habt. Viele jüdische und nichtjüdische Menschen glaubten an Jesus als den Messias. Sie kamen in unsere Gemeinschaft, sorgten für Kranke und Notleidende, gaben von ihrem Hab und Gut den Armen, was diese nötig hatten, und teilten mit uns das Brot als Erinnerung an Jesus Christus.

Die wachsende Zahl der Juden als »Anhänger des neuen Weges« innerhalb der jüdischen Gemeinde und vor allem die ständig zunehmende Anzahl der Nichtjuden rückte eine – für mich zunächst schwer zu akzeptierende – Weisung Jesu in den Mittelpunkt: »Geht hinaus in die ganze Welt und verkündet das Evangelium allen Geschöpfen!« Doch ich erkannte bald: Die Botschaft Jesu gilt nicht nur uns Juden, sie ist lebensnotwenig für alle Menschen. So machte ich mich auf den Weg und begann – erst in Palästina und dann darüber hinaus –, von Leben, Tod und Auferweckung Jesu und seinem Gott zu erzählen. Als ich nach einiger Zeit nach Palästina zurückkam, wurden viele Anhänger Jesu wegen ihres Glaubens verfolgt. Auch mich nahm man gefangen. Ich weigerte mich, meinen Herrn zu verleugnen. So geschah das, was als letzten Hinweis auf mein irdisches Leben in der Apostelgeschichte (12,2) steht: »Jakobus, den Bruder des Johannes, ließ er (König Agrippa I.) mit dem Schwert hinrichten.«

Vielleicht fragst du dich nun, wie ich dann zum Patron der Pilger auf Jakobuswegen wurde? Das ist eine eigene verschlungene Geschichte, die in zahlreichen Legenden und Erzählungen überliefert wird. In vielen von ihnen vermischen sich Wahrheit, Fantasie, Interessen, Deutungen und Volksglaube. Eine eindeutige Antwort kann auch ich dir nicht geben, denn Gottes Wege sind oft wundersam, aber letztendlich dienen sie den Menschen.

Unser gemeinsames Unterwegssein neigt sich dem Ende zu. Du wirst an deinem Ziel ankommen und nach Hause zurückkehren. Bevor ich mich im nächsten Brief von dir verabschiede, möchte ich dir heute schon sagen: Mir hat das gemeinsame Pilgern sehr gut getan. Ich war gern dein Wegbegleiter.

Ich wünsche dir ein gutes Ankommen an deinem Pilgerziel. Genieße deine Freude.

Dein Begleiter Jakobus

Erzähl mir von Gott

Der Mönchsvater Jogli-Katan lebte schon lange in der Wüste. Viele Pilger kamen zum ihm und fragten ihn um Rat. Doch er liebte es, diese Menschen auf einen Weg zu schicken, anstatt ihnen Erklärungen und Antworten zu geben.

Eines Tages kamen vier seiner Schüler zu ihm und baten ihn: »Sagst du uns etwas über Gott?« Da entgegnete er: »Macht euch auf den Weg und fragt den, den ihr unterwegs trefft.« Die vier machten sich auf und jeder ging seinen eigenen Weg. Gegen Abend kamen die ersten drei zurück und berichteten, was sie erlebt hatten.

Der Erste sprach:
»Ich traf den ganzen Tag niemand.
So bat ich die Sonne: Erzähl mir von Gott.
Da verfinsterte sich die Sonne
und es wurde stockdunkle Nacht.
Am Himmel erschienen
die Sterne in all ihrer Pracht.«

Der Zweite sprach:
»Auch ich traf niemanden auf meinem Weg.
So bat ich die Wüste: Erzähl mir von Gott.
Da spaltete sich der Fels,
eine Quelle sprudelte hervor
und die Wüste verwandelte sich
in blühendes Land.«

Der Dritte sprach:
»Da auch mir keine Menschenseele begegnete,
bat ich einen Vogel: Erzähl mir von Gott:
Da flog der Vogel davon
Und kehrte mit einem Ölzweig zurück.«

Die Sonne war lange untergegangen,
als auch der Vierte heimkehrte und berichtete.
Er sprach:
»Ich traf sehr bald auf einen Hirten.
Ich bat ihn: Erzähl mir von Gott.
Da nahm mich der Hirte mit
und wir suchten den ganzen Tag
nach einem Schaf,
das sich verirrt hatte.«

Jogli-Katan nickte zufrieden und schwieg.
Er wusste: Besseres über Gott hätte auch er seinen Schülern
nicht sagen können.
Klemens Nodewald

Ermutigung

Diese Ermutigung für dein Pilgern und Suchen im Alltag schreibe ich angeregt durch einen Text von Jörg Zink (Zink, Jesus – Funke aus dem Feuer, 193 f).

Das Leben ist gut: Dein Leben wird getragen von der großen Weisheit Gottes. Er ist ein Gott für die Menschen. Trotz der schrecklichen Ereignisse, Krisen oder Schicksalsschläge, die du täglich hörst, liest, siehst oder erlebst. Sage Ja zum Leben, trotz deiner Schwächen und Verfehlungen. Trau dem Leben, Gott begleitet dich.

Das Leben ist ein Weg: Auf deinem Lebensweg gibt es Abwege, Umwege, Irrwege und Wegkreuzungen. Dein Weg ist nie vorgebahnt. Vor dir ist immer eine offene Landschaft. Dein Weg entsteht, indem du ihn gehst. Unterwegs triffst du auf Hindernisse, gehst durch öde Steppe, trockene Wüste oder fruchtbares Land. Es gilt Täler zu durchqueren oder Berge zu besteigen. Manchmal musst du dir deinen Weg regelrecht bahnen. Dein Weg entsteht, indem du ihn gehst. Erst im Zurücksehen kannst du erkennen, dass dieser Weg sinnvoll war. Du kannst dein Leben nicht absichern, du kannst es nur verantwortlich auf deinem Weg leben. Wage es, Gott begleitet dich.

Dein Leben hat ein Ziel: Gib deinem Leben ein Ziel. Verliere es nicht aus den Augen. Sei gewiss: Dann gehst du mutig und leicht, getragen von der Zuversicht. Gott begleitet dich.

Dankbarkeit

Es war einmal eine alte Frau, die glücklich und zufrieden lebte. Viele Menschen beneideten sie, weil sie eine echte Lebenskünstlerin war. Die alte Frau verließ niemals ihr Haus, ohne eine Handvoll getrocknete, weiße Bohnen mitzunehmen. Sie tat dies nicht etwa, um die Bohnen zu kauen, nein, sie steckte sie einfach in die rechte Tasche ihrer Jacke. Jedes Mal, wenn sie tagsüber etwas Schönes erlebte – den Sonnenaufgang, das Lachen eines Kindes, eine kurze Begegnung, ein gutes Mahl, einen schattigen Platz in der Mittagshitze –, freute sie sich darüber von Herzen und ließ eine Bohne von der rechten Tasche in die linke gleiten. War das Erlebnis besonders schön und gar überraschend, wechselten zwei oder drei Bohnen die Seite. Abends saß die alte Frau zu Hause und zählte die Bohnen aus der Tasche. Sie zelebrierte dies und führte sich so dankbar vor Augen, wie viel Schönes ihr an diesem Tag widerfahren war. Auch an einem Abend, an dem sie bloß eine Bohne zählen konnte, war der vergangene Tag ein gelungener Tag. Es hatte sich gelohnt zu leben.

Quelle unbekannt

Anthony de Mello hat einmal gesagt, es sei unmöglich, dankbar und zugleich unglücklich zu sein. Wofür bist du heute dankbar?

Den Tag gut beenden

Ohne Hoffnung sind unsere Hände handlungsunfähig, die Füße lahm, die Worte inhaltsleer. Schau auf die vergangenen Tage und den Weg, den du gegangen bist, zurück. Aus welchen Quellen hast du Hoffnung geschöpft? Welche Quellen kannst du auch im Alltag nutzen?

Meine Hoffnung

muss Hände bekommen
Hände die zupacken
Hände die stützen
Hände die tragen
Hände die zärtlich sind

muss Worte finden
Worte die einfühlsam sind
Worte die trösten
Worte die verzeihen
Worte die ermutigen

muss Füße bekommen
Füße die auf Menschen zugehen
Füße die andere begleiten
Füße die über Brücken der Vergebung gehen
Füße die Gottesspuren folgen

meine Hoffnung braucht
meine Hände, Worte, Füße
Peter Müller

Pilgern daheim – immer ist Anfang

Das Leben ist eine Reise
und am Ende zählt nicht das,
was wir geschaffen haben,
sondern das,
was dabei aus uns geworden ist.
Robin Sharma

Heimkehren heißt weitergehen

erkenne –
verwandelt kehrst du heim
reich an persönlichen Erfahrungen
bist du nicht mehr der Gleiche,
der aufgebrochen ist,
doch die Menschen
viele Fragen und Probleme
die Erwartungen und Herausforderungen
sind geblieben

nutze deine neue Chance –
Altes neu zu sehen
deinen neuen Erfahrungen zu trauen
mutig neue Wege zu gehen
langsamer ist manchmal schneller
Zeit nehmen, um Zeit zu haben
weniger ist mehr
nur ändern, was ich ändern will
meinen Gefühlen vertrauen
Gott trauen

entdecke –
nur im Weitergehen,
geduldig Schritt für Schritt
bleibst du in der Spur
eröffnen sich neue Möglichkeiten
findest du den Sinn deines Lebens
denn der eigentliche Pilgerweg
ist der Alltag des Lebens

Gott wird dich begleiten
Peter Müller

Von der Erfahrung des Teilens

(Markus 6,35–44; Lukas 9,10–17)

Liebe Pilgerin, lieber Pilger,

alles hat seine Zeit, auch deine Rückkehr in den Alltag. Du bist nicht mehr derjenige, als der du aufgebrochen bist. Wie wirst du deinen Alltag erleben?

Für mich heißt es heute Abschied nehmen vom Pilgern. Ich danke dir für die Zeit, die wir miteinander unterwegs waren und die du mit mir geteilt hast. Ich danke dir, dass ich dir Briefe schreiben durfte. Danke für alles, was du dazu gedacht, gefühlt oder mit anderen Pilgern besprochen hast.

Jeder Abschied bringt auch einen neuen Anfang – dein Weg zu Hause beginnt neu. Was wirst du von deinen Pilgererfahrungen mit in den Alltag nehmen? Was neu beginnen?

Du erinnerst dich sicher an das eine oder andere Abendessen in den Pilgerherbergen. Alle sitzen in großer Pilgerrunde zusammen und jeder legt, als sei es selbstverständlich, alles Ess- und Trinkbare, das er dabei hat, für alle greifbar auf den Tisch: Brot, Käse, Wurst, Tomaten, Äpfel, Nüsse, Wein, Wasser und vieles mehr. Alles wird miteinander geteilt. Es wird gelacht, Erlebnisse, praktische Tipps, Sorgen und Kontaktadressen werden ausgetauscht und alle werden satt. Am Ende der fröhlichen Runde packt jeder seine Reste zusammen. Dass so etwas möglich ist in einer Gesellschaft, in der viele Menschen auf persönliche Vorteile und Erfolge bedacht sind! Das erscheint mir wie ein Wunder. Hat der Pilgerweg die Menschen so verändert? Diese Erfahrung erinnert mich an ein Erlebnis mit Jesus, das ich dir erzählen möchte:

Damals in Galiläa kamen an manchen Tagen unzählige Menschen zu Jesus, um ihn zu sehen, zu hören oder zu berühren. Sie hungerten nach tröstenden und ermutigenden Antworten auf ihre Fragen, Sorgen und Nöte. So wie es beim Propheten Amos heißt: Sie suchten »nicht nach Brot, nicht nach Wasser, sondern nach einem Wort des Herrn« (8,11). In Jesus sahen sie den Gesandten Gottes, der sich in ihre Sorgen und Nöte einfühlen konnte und mit seinen Beispielen vom Leben im Reich Gottes, mit seinen heilenden Worten ihren Hunger nach Ermutigung stillte. So auch an diesem Tag, als wir in einer einsamen Gegend waren. Doch wir Jünger hatten andere Sorgen. Was sollten wir so einer großen Menschenmenge zu essen geben? Wir fragten Jesus: »Wo und was sollen die Menschen essen? Schick sie weg, dass sie sich etwas kaufen.« Er antwortete: »Schickt sie nicht weg. Gebt ihr ihnen zu essen.« Doch wir hatten selbst nur sehr wenig, deshalb fragten wir: »Sollen wir für sie Brot kaufen?« Auch diesen Vorschlag lehnte Jesus ab und fragte: »Wie viele Brote habt ihr?« Wir hatten nur fünf Brote und zwei Fische. Jesus forderte alle auf, sich in Gruppen zusammenzusetzen. Dann segnete er das Brot und die Fische, brach das Brot und wir begannen auszuteilen. Alle bekamen zu essen. Sicher denkst du: Das war doch zu wenig für solch eine riesige Menschenmenge. Ja, so war es, und doch reichte das Wenige für viele. Warum? Ich kann es dir nicht logisch erklären, ich kann dir aber erzählen, wie ich meine Erfahrung heute verstehe. Zunächst hatte Jesus den seelischen Hunger seiner Zuhörer gestillt. Dann öffneten sie unter dem Eindruck seiner Worte und seiner Person nicht nur ihr Herz, sondern auch ihre Taschen. Sie lebten, was er ihnen vorlebte. Alle teilten mit offenen Händen das Wenige, das sie dabei hatten, aus. Deshalb bekamen alle genug zu essen, einiges blieb sogar übrig. Das ist meine, letztlich aber nicht erklärbare, Erfahrung. Ein Wunder? Sie gibt es auch im Alltag.

Frage dich: Was kann ich im Alltag mit wem teilen? Zeit, Fähigkeiten und Freude, Engagement für andere und mit anderen, Zuversicht, Freude und Erfahrungen, meinen Besitz und meine Art zu leben … Was immer es sei, das Teilen ist eine christliche Lebenshaltung auf dem Pilgerweg des Lebens.

Ich wünsche dir dazu Geduld, Stehvermögen, Gottes Segen und einen »buen camino« auch in deinem Alltag.

Dein Jakobus

Wunder des Teilens

Leben entsteht
und besteht
in Pflanzen,
Tieren, Menschen
und allen Geschöpfen
durch teilen.

Zellen teilen sich,
Freude teilt sich aus,
Gott teilt sich mit,
Menschen teilen
ihr Hab und Gut,
ihren Kummer,
ihr Leben,
ihren Glauben.

Aus dem mit-geteilten Wort,
dem aus-geteilten Brot,
dem geteilten Leben
wächst immer neu
die große Kraft
zum Hoffen und
zum Lieben.

Paul Weismantel

Vom Apostel zum Patron der Pilger

An die Pilger Europas

Geh,
seit deiner Geburt bist du auf dem Weg.
Geh,
eine Begegnung wartet auf dich.
Mit wem?
Vielleicht mit dir selbst.
Geh,
deine Schritte werden deine Worte sein,
der Weg dein Gesang,
deine Ermüdung dein Gebet,
dein Schweigen wird schließlich Sprechen.
Geh,
mit anderen,
aber tritt heraus aus dir,
du, der du dich von Feinden umgeben siehst,
wirst Freunde finden.
Geh,
auch wenn dein Geist nicht weiß,
wohin deine Füße dein Herz führen.
Geh,
ein anderer kommt dir entgegen und sucht dich,
damit du IHN finden kannst.
Im Heiligtum am Ende des Weges,
dem Heiligtum im Innersten deines Herzens,
ist ER dein Friede, ist ER deine Freude.
Geh,
es ist ja der Herr, der mit dir geht.
Quelle unbekannt

Ein Kranz von Legenden

Legenden (das Wort stammt aus dem Lateinischen und kann mit »der zu lesende Text« übersetzt werden) sind aus mündlich überlieferten Berichten entstanden. Oft steht dahinter ein aktueller Anlass oder ein Interesse. Die Häufigkeit ihrer mündlichen Wiedergabe, geschichtliche Veränderungen, die eigenen Interessen der Erzähler, Sprachunterschiede usw. formten aus der Anfangserzählung eine unglaubliche Geschichte, eine Legende, deren wahren Kern wir heute oft nicht mehr erkennen oder nur ihren historischen Ursprung erschließen können.

Legendär – biblische Quellen schweigen dazu – ist das Wirken des Apostels Jakobus in Spanien. In den ersten Apostellisten (viertes Jahrhundert) wird erstmals schriftlich darauf verwiesen, dass Jakobus der Ältere in Spanien das Evangelium verkündete. Legenden erzählen, dass seine Spanienmission nicht erfolgreich gewesen sei. Enttäuscht habe er seine wenigen Anhänger, unter ihnen seine Schüler Athanasius und Theodosius, verlassen und sei nach Palästina zurückgekehrt. Dort verkündete er weiter die Botschaft Jesu, bis er im Jahr 44 (vgl. Apostelgeschichte 12,2) enthauptet wurde. Zwischen 814 und 829 entdeckte man sein Grab in einem überwucherten ehemaligen keltisch-römisch-christlichen Friedhof, um den herum das heutigen Santiago de Compostela entstand. Damit wurde – wie die geschichtliche Forschung heute zeigt – die schon vor dem neunten Jahrhundert weit verbreitete Überzeugung bestätigt, Jakobus habe auf der iberischen Halbinsel gewirkt und sei an einem Ort, der »Arca Marmerica« genannt wurde, begraben. Mit der Entdeckung des Grabes unter Bischof Theodormir und wesentlich gefördert durch König Alfons II. und seinen Nachfolgern, begann die Jakobusverehrung. Es entstand ein ganzer Kranz von Legenden um die Verkündigung des christlichen Glaubens durch Jakobus in Spanien, seinen Tod in Palästina, die Überführung seines Leichnams nach Spanien, seine Grablegung in Galicien, die Auffindung des Grabes und sein Wirken zum Heil der Menschen in Spanien, ja in ganz

Europa. Die Grabfindung, die Legenden und das Glaubensver-
ständnis des Mittelalters trugen wesentlich zur Entstehung der
Pilgerschaft nach Santiago de Compostela bei.

Die Legenden selbst kannst du an anderer Stelle nachlesen. Ich
versuche hier nur, sie unter Stichworten zu ordnen, zu kenn-
zeichnen und darauf hinzuweisen:

- *Wirkungslegenden*: der Missionsversuch von Jakobus in Spani-
en, sein Wirken, seine Rückkehr und Enthauptung in Palästina
- *Überführungslegenden:* mit einem Boot von Palästina in den
Nordwesten Spaniens, die Fahrt des Leichnams mit den wil-
den Stieren der Königin Lupa zu seiner Grabstätte; die anderen Legendenstränge, wonach er ins Sinaikloster gebracht
wurde und der Weg seines Leichnams über Mérida bis ins heu-
tige Santiago de Compostela …
- *Auffindungslegenden*: seltsame Lichterscheinung entdeckt vom
Einsiedler Pelagius, Auffindung des Grabes in einem antiken
Gräberfeld durch Bischof Theodormir
- *Interessenslegenden*: der Traum von Karl dem Großen, Ster-
nenweg, Jakobus als Ritter, Streiter und Matamoros/Mauren-
töter gegen die Mauren
- *Wunder- und Wallfahrtslegenden*: Galgen- und Hühnerwun-
der in Santo Domingo de la Calzada, Esel des Jakobus, Muschel als Pilgerzeichen, Wundergeschichten etc.

Mit Legenden haben wir historisch aufgeklärten Zeitgenossen
unsere Probleme. Alles nur Legende und damit nicht wahr?

Legenden – Glaubenszeugnisse in sprachlichen Bildern?

Steckt hinter den Legenden, die nach der Entdeckung des Grabes
und im Laufe der aufbrechenden Jakobusverehrung entstanden
sind, ein wahrer Kern? Oft fällt es schwer oder es ist in einzelnen
Fällen gar unmöglich, den jeweiligen Ursprung zu erkennen. In

vielen Fällen entstehen Legenden und legendäre Wundererzählungen während der religiösen Heiligenverehrung oder um ein früheres Ereignis den Menschen damals zu »erklären.« Legenden vermitteln in der Regel keine historischen Tatsachen, dennoch kann man in ihnen oft historische Bezüge entdecken. Legenden liefern vorwiegend Bilder, in denen der Glaube der Menschen einer Zeitepoche durchscheint und gestützt wird.

Den vielfältigen Legendenkranz um Jakobus und den Pilgerweg muss man vor dem Hintergrund der mittelalterlichen Lebensauffassung und Daseinsdeutung sehen. In diesem Lebens- und Weltverständnis kam einer Person, die den Mensch gewordenen Sohn Gottes auf Erden erlebte, ein ungeheures Ansehen zu. Jakobus, den Jünger des Herrn, zu verehren, zu seinem Grab zu pilgern, auf dem langen Weg die eigenen Sünden zu büßen, sich ihm anzuvertrauen und ihn um seine Fürsprache beim letzten Gericht vor Gott anzuflehen, das war für die meisten mittelalterlichen Pilger Ziel und Sinn ihres Pilgerns. Dafür nahmen sie die unzähligen Mühen einer langen Pilgerreise auf sich. Die Legenden dienten dabei vor allem der Erbauung und Motivation im Kampf gegen das Böse im Menschen und in der Welt oder, biblisch formuliert, zur persönlichen Umkehr. Heute wissen wir auch, dass manche Legenden entstanden oder entsprechend verändert wurden, um politische und religiöse Interessen zu fördern.

Der Historiker Claudio Sánchez Albornoz benennt das leitende Interesse solcher Legenden eindeutig: »Der Glaube, in Compostela ruhe der Leichnam des Jüngers Christi, hatte gewaltige Folgen für die Geschichte Europas. Wahrscheinlich wurde der angebliche Fund des Leichnams von Jakobus ausgenutzt, um den mehr als schwierigen, ja fast unmöglichen Widerstand einer Handvoll wilder Bergbewohner aus den nördlichen Gebieten Spaniens gegen die riesige Macht des spanischen Sarazenenreichs zu entfachen ... Der Fund des Apostelgrabes war für die verängstigten Krieger aus dem Norden Spaniens wie ein Versprechen himmlischer Hilfe für ihre alljährliche harte Schlacht gegen die

Sarazenen« (Lozano, Der Jakobsweg, 24 f). Dieser Sichtweise steht mittlerweile (wenn auch nur vereinzelt) ein Bemühen gegenüber, historische Forschung nicht nur auf erhaltene schriftliche Zeugnisse zu begrenzen, sondern Informationen aus der Tradition, Architektur, darstellenden Kunst, Archäologie, Erkenntnisse über alte Handels-, See- und Verkehrswege und wirtschaftliche Verbindungen etc. in die Interpretation einzubeziehen. Dementsprechend unterschiedlich und differenziert wird heute der historische Wahrheitsgehalt einzelner Jakobuslegenden gedeutet.

Die historisch-kritische Sichtweise ist die eine Seite. Doch was immer dabei entdeckt und erklärt wird: Die Jakobuslegenden hatten mehr Einfluss auf die Menschen als die Historie. Für Legenden sind Fakten und Daten nebensächlich und der Begriff »Wahrheit« erhält eine andere Bedeutung. Die Legende, »das zu Lesende«, kleidet in die sprachlichen Bilder einer bestimmten Zeit das, was der damals gläubige Mensch im persönlichen Erleben oder auch in seinem grenzenlosen Vertrauen zu Jakobus wahrnimmt und mitteilen will. Eine Legende ist gelebte menschliche Geschichte, die in die Zukunft wirkt. Die einen lehnen sie ab, die nächsten motiviert sie zum Handeln, andere lässt sie ihr Schicksal ertragen und wieder andere finden darin den Funken Hoffnung, nicht zu resignieren und immer neu zu beginnen.

Jakobus in der Kunst – religiös-kulturelle Darstellungen

Ähnliche Bezüge entdecken wir in den religiösen und kulturellen Darstellungen von Jakobus. Er wurde im mittelalterlichen Europa zu einer allgegenwärtigen Figur, der wir in Kirchen, an Fassaden und Portalen, auf Bildern und Altären, als Einzelfigur oder in Gruppendarstellungen begegnen. Die Darstellungen greifen dabei selten biblische Szenen auf. Zu sehen sind vor allem Jakobus als Pilger, Wundertäter, Helfer in Not und Einzelszenen aus Legenden oder der Volksfrömmigkeit.

So begegnen wir Jakobus als:

- *Fischer* am See Genezareth, den Jesus als einen seiner ersten Jünger beruft.
- *Apostel,* der in einer Apostelreihe oder als Einzelfigur dasteht: barfuß, mit einer Toga, einem Buch oder einer Schriftrolle.
- *Märtyrer,* der mit dem Schwert enthauptet wurde und dies als Zeichen in der Hand hält.
- *Pilger,* der zu erkennen ist am breiten Hut, dem Wanderstab, an Pilgertasche, -mantel, -flasche (Kalebasse) und Muschel. Stehend oder sitzend empfängt, begrüßt und segnet er die Pilger, »krönt« sie oder verteilt Muscheln und Pilgerstäbe an sie. An diesen Zeichen erkennen wir ihn als Patron der Pilger.
- *Streiter Christi, Caballero oder Matamoros* (Maurentöter), der als Schutzpatron der Christen für den christlichen Glauben kämpft. Diese typisch spanische Darstellung beruht auf seinem in Legenden erzählten Eingreifen in zwei Schlachten zwischen Christen und Moslems. Diese Darstellung finden wir überwiegend in Spanien und vereinzelt im fränkischen Raum auf den Fahnen einiger Kreuzritter. Sie verehrten ihn als ihren Schutzpatron im Kampf gegen die Muslime im Heiligen Land.
- *Helfer, Begleiter, Stütze* für einen guten Tod oder *Schutzpatron* verschiedener Berufe.

Jakobus, der Sohn des Zebedäus, der ehemalige Fischer am See Genezareth und Jünger des Jesus von Nazareth, wird so entlang des Jakobusweges zu einem Heiligen, dem wir in sich ständig wandelnden Darstellungen begegnen. Oft werden die Darstellungen mit aktuellen lokalen Bezügen verknüpft und erfahren eine deutende Veränderung: z. B. Jakobus leistet Fürbitte für die Pilger, er krönt Pilger, er schütz sie, indem er seinen Mantel ausbreitet, oder er ist Stütze des betenden Königs. Von deutschen Pilgern wurde Jakobus als Fürbitte Leistender und Begleiter für einen guten Tod, als Patron der Waisenkinder oder in Osteuropa als Schutzpatron der Reisenden verehrt.

Das alles ist sehr interessant und eröffnet immer wieder neue Einsichten. Doch bei alldem dürfen wir nicht vergessen, dass der

Weg von Jakobus dem Älteren, vom Fischer am See Genezareth zum Patron der Pilger auf den Pilgerwegen in Galiläa, Palästina und nach Jerusalem begann. Die Person und Botschaft des Jesus von Nazareth hat Jakobus begeistert und sein Leben mit Sinn erfüllt. Das motivierte ihn, Jesus zu folgen. Die unterwegs in dieser Lebensschule gesammelten Erlebnisse, Erfahrungen und persönlichen Veränderungen haben ihn geprägt. Sie und vor allem die Botschaft Jesu, sind die religiösen Wurzeln der Jakobusverehrung und des Pilgerns nach Santiago de Compostela.

Vom Europarat wurden die Wege der Jakobus-Pilger 1987 als europäische Kulturwege anerkannt. Dort heißt es zum Schluss:

»Möge der Glaube, der die Pilger im Laufe der Geschichte bewegte und der sie im gleichen Sinn zusammenführte – über alle Verschiedenheit und nationale Interessen – auch uns in dieser Zeit antreiben … weiter diese Caminos zurückzulegen, um so eine Gesellschaft zu bauen, die gegründet ist auf Toleranz, Ehrfurcht vor dem Mitmenschen, auf Freiheit und Gemeinschaftsbewusstsein« (23. Okt. 1987).

Quellenverzeichnis

Millan Bravo Lozano, Der Jakobsweg. Ein Reiseführer für Pilger, León, 9. Auflage 1999

Meinrad Dufner, Kirchen verstehen, Münsterschwarzach 2007

Anselm Grün, Die Weisheit des Pilgers, Gütersloh 2008

Anselm Grün, 50 Rituale für das Leben, Freiburg 2008

Hape Kerkeling, Ich bin dann mal weg. München, 19. Auflage 2006

Anthony de Mello, Die schönsten Geschichten von Anthony de Mello, Freiburg 2010

Anthony de Mello, Die Fesseln lösen, Freiburg 2012

Peter Müller, Die Seele laufen lassen, München, 3. Auflage 2010

Manuel Schoch, Dein wahres Potenzial, Baden und München 2006

Jörg Zink, Die goldene Schnur. Anleitung zu einem inneren Weg, Stuttgart 1999

Jörg Zink, Jesus – Funke aus dem Feuer, Freiburg, 2. Auflage 2012

Folgende Texte sind Überarbeitungen bzw. Neufassungen aus anderen Veröffentlichungen des Autors (siehe weiterführende Literatur):
Segnen, das heißt ... , Auf-Brüche, Gehe glauben, Kreuze an Pilgerwegen, Heimkehren

Textnachweis

Für einige Texte konnten wir keine Quellen bzw. Rechtsinhaber ausfindig machen. Für Hinweise sind Autor und Verlag dankbar.

Alois Albrecht, Jetzt ist die Zeit..., Impulse-Musikverlag, Drensteinfurt

Roland Breitenbach, »Ein Manager hatte ...«, aus: ders., Achtsam leben, lieben, handeln. Ein spiritueller Begleiter durch das Jahr © Echter Verlag Würzburg 2012, S. 65

Paulo Coelho, Selbstherrlichkeit, aus: ders., Unterwegs / Der Wanderer, aus dem Brasilianischen von Maralde Meyer-Minnemann, deutschsprachige Ausgabe © 1999, 2007 Diogenes Verlag AG, Zürich

Max Feigenwinter, Wunder, aus: ders.: Aufstehen und Leben © 2008 Verlag am Eschbach der Schwabenverlag AG, Eschbach/ Markgräflerland

Almut Haneberg, Wer das Ziel kennt, muss den Weg wagen, erschienen in: ferment 4/2011, S. 48, © Almut Haneberg

Klemens Nodewald, »Der erste sprach: ...«, aus: Klemens Nodewald, Wenn die Freude Weitsprung übt. Texte und Gebete für Seele und Geist © Echter Verlag Würzburg 2005, S. 63

Klemens Nodewald, »Auf niemanden ...«, aus: ders., Wenn die Freude Weitsprung übt. Texte und Gebete für Seele und Geist © Echter Verlag Würzburg 2005, S. 64

Otto Hermann Pesch, Hingerissen Staunen, aus: ders., Heute Gott erkennen (Topos Taschenbuch Band 811) © Matthias Grünewald Verlag der Schwabenverlag AG, Ostfildern, 4. erweiterte und bearbeitete Auflage 2012. www.verlagsgruppe-patmos.de

Pierre Stutz, Dein Weg nach innen, aus: ders.: Geh deinen inneren Weg © 2008 Verlag am Eschbach der Schwabenverlag AG, Eschbach/Markgräflerland

Benedikt Werner Traut, Wir sind Suchende ... © Benedikt Werner Traut

Paul Weismantel, Wunder des Teilens, aus: ders., Segensgebete für das Jahr – für das Leben © Verlag Katholisches Bibelwerk GmbH, 2012

Paul Weismantel, Zusagen Gottes, aus: ders., Segensgebete für das Jahr – für das Leben © Verlag Katholisches Bibelwerk GmbH, 2013

Detlef Wendler, Ach Gott ..., aus: ders., Beten. Heilsame Kräfte entdecken © Matthias Grünewald Verlag in der Schwabenverlag AG, Ostfildern 2012. www.verlagsgruppe-patmos.de

Weiterführende Literatur

Hans-Jürgen Arens, Jakobus. Apostel der Ibero-Kelten, Aachen 2012

Markus Ebner, Das Markusevangelium. Neu übersetzt und kommentiert, Stuttgart, 2. Auflage 2008

Bernhard Edlmann, Jakobus. Sein langer Weg zum Patron der Pilger, München 2010

Klaus Herbers, Jakobus der Heilige Europas. Geschichte und Kultur der Pilgerfahrten nach Santiago de Compostela, Düsseldorf 2007

Abt Odilo Lechner, Das Leben ist ein Pilgerweg. Unterwegs zu sich selbst, München 2009

Peter Müller, Die Seele laufen lassen. Pilgertage und spirituelle Wanderungen, München, 3. Auflage 2009

Peter Müller, Meine Sehnsucht bekommt Füße. Ein spiritueller Pilgerführer, München 2009

Peter Müller, Wer aufbricht, kommt auch heim. Vom Unterwegssein auf dem Jakobusweg, Eschbach, 7. überarbeitete Auflage 2010

John Strelecky, Das Café am Rande der Welt. Eine Erzählung über den Sinn des Lebens, München, 3. Auflage 2007

Richard Rohr, Ins Herz geschrieben. Die Weisheit der Bibel als spiritueller Weg, Freiburg 2008

Jörg Zink, Jesus. Funke aus dem Feuer, Freiburg, 2. Auflage 2012

Jörg Zink, Vom Geist des frühen Christentums. Den Ursprung wissen – das Ziel nicht verfehlen, Freiburg 2011